AS CARTAS DE
PAULO
VOLUME 1

Sherron K. George
Timóteo Carriker

AS CARTAS DE
PAULO
VOLUME 1
1ª e 2ª Tessalonicenses, Gálatas, 1ª e 2ª Coríntios

Um mergulho missional

1ª edição

Curitiba/PR
2022

Sherron George e Timóteo Carriker
As Cartas de Paulo - Volume 1
1ª e 2ª Tessalonicenses, Gálatas, 1ª e 2ª Coríntios
Um mergulho missional

Coordenação editorial:	Claudio Beckert Jr.
Supervisão editorial:	Guilherme Kacham
Revisão:	Josiane Zanon Moreschi
Capa:	Endrik Silva
Diagramação:	Kelly de Britto Pilarski
Mapas:	Bíblia missionária de Estudo. Sociedade Bíblica do Brasil. 2014.

Dados Internacionais de Catalogação na Publicação (CIP)
Sueli Costa CRB-8/5213

George, Sherron K.
 As Cartas de Paulo – vol. 1: Gálatas, 1 & 2 Tessalonissenses e 1 & 2 Coríntios / Sherron K. George, Timóteo Carriker. – 1.ed. – Curitiba, PR : Editora Evangélica Esperança, 2021. (Série Um Mergulho Missional)
 296 p.
 ISBN 978-65-87285-69-6
 1. Bíblia N.T. Gálatas – Tessalonissenses – Coríntios. 2. Cartas de Paulo. 3. Missão. I. Carriker, Timóteo. II. Título. III. Série.

CDD-227

Índices para catálogo sistemático:
1. Discipulado : Cristianismo 220.7

Salvo indicação, as citações bíblicas foram extraídas da Bíblia na versão Nova Almeida Atualizada © Sociedade Bíblica do Brasil, 2017.

Todos os direitos reservados.
É proibida a reprodução total e parcial sem permissão escrita dos editores.

Editora Evangélica Esperança
Rua Aviador Vicente Wolski, 353
CEP 82510-420 - Curitiba - PR
Fone: (41) 3022-3390
comercial@editoraesperanca.com.br
www.editoraesperanca.com.br

SUMÁRIO

Introdução à Série Mergulho Missional 7
Bem-vindos e bem-vindas à aventura do Mergulho Missional! 9
1. Conhecendo melhor o apóstolo Paulo 17
2. Viajando com o missionário Paulo 25
3. Degustando as Cartas de Paulo 39
4. 1 e 2 TESSALONICENSES Uma igreja missional modelo 45
5. Uma luta feroz 53
6. Como isso vai terminar? Cremos na ressurreição do corpo 61
7. Quando Cristo virá? Esperança equilibrada 69
8. O mistério da maldade e do engano 77
9. Confiar, trabalhar e fazer o bem 83
10. GÁLATAS Discordância e confusão 91
11. Quem somos nós? 99
12. Maturidade na fé e prática 105
13. Livres do legalismo religioso 113
14. A liberdade guiada pelo amor no Espírito 121
15. A ajuda mútua na família cristã 129
16. 1 e 2 CORÍNTIOS Divisões e brigas 135
17. Vulnerabilidade e humildade na cruz 143
18. Sabedoria vem do Espírito 151
19. Rivalidades, não! Cooperação, sim! 159
20. Arrogância, não! Sacrifício, sim! 167

21. O Corpo é de Deus!... 173
22. Superioridade, não! Amor, sim!................................... 181
23. Marginalização, não! Inclusão social, sim!................ 189
24. Diversidade, unidade e amor... 197
25. Edificação e missão... 203
26. A ressurreição do Corpo.. 209
27. Solidariedade, planejamento, parcerias e amor...... 215
28. Um relacionamento difícil e perdão........................... 221
29. Somos perfume e cartas... 229
30. Somos vasos de barro... 237
31. Somos nova criação, ministros da reconciliação..... 243
32. Liderança sacrificadora.. 251
33. Generosidade, assistência e igualdade....................... 257
34. Falsos apóstolos e sofrimentos.................................... 265
35. Humildade, graça e fraqueza.. 271

Resumindo, refletindo e aguardando............................... 277
APÊNDICE: Cronologia das viagens e
Cartas de Paulo..281

Introdução à Série Mergulho Missional

A Série Mergulho Missional tem como objetivo mostrar que nosso Deus é um Deus missional com a missão de resgatar e restaurar a humanidade e toda a sua criação. Para cumprir seu propósito e promessas missionais, Deus enviou seu Filho e depois seu Espírito sobre um grupo de homens e mulheres e a igreja missional nasceu. A Bíblia é um livro missional que conta essa história de amor transformadora.

A intenção da série é mergulhar nas profundezas desse enredo missional com uma linguagem simples em capítulos curtos com relevância contextual e desafios concretos para pessoas em instituições teológicas e agências missionais, para pastores e pastoras engajados na obra pastoral e missional no seu contexto, para grupos de estudo bíblico, e para todas as pessoas que querem entender o enredo áureo da Bíblia, desenvolver sua vida cristã, edificar e mobilizar sua igreja local e fazer uma diferença na sociedade e no mundo.

Por isso, a série começa com *Atos dos Apóstolos* para ver o nascimento e crescimento da igreja primitiva que ao descer o Espírito Santo, já nasceu missional testemunhando nas ruas. Acompanhamos dois missionários, Pedro e Paulo, e muitos homens e mulheres que contribuíram nessa comunidade de comunhão, adoração e missão, na expansão das igrejas em um ambiente hostil. Muitas lições e modelos para nós.

A seguir, vêm os primeiros livros escritos no Novo Testamento — as Cartas do maior missionário de todos os tempos, o apóstolo Paulo. Com Atos no centro, seguimos a possível cronologia em que foram escritas.[1] Fica evidente que a Bíblia foi escrita por pessoas engajadas em missão e que Paulo escreveu para formar igrejas missionais.

Depois vêm os próximos livros escritos, os três Evangelhos Sinóticos (similares). Começando com o mais antigo, Marcos, obra de um companheiro de Paulo que fracassou, mas se recuperou e foi muito útil para Paulo e Pedro no fim de suas jornadas. Seguido por Lucas, outro parceiro de Paulo, que segue Marcos e acrescenta mais histórias e parábolas de compaixão. Finalmente, Mateus que acrescenta mais.

É claro, precisamos incluir João, um Evangelho com inéditos diálogos missionais e um curso intensivo de preparação dos discípulos para serem enviados em missão. E suas cartas.

É preciso voltar ao começo para entender o fim. A série mergulha nas ações missionais em Gênesis e Êxodo, com foco na criação, na libertação e as promessas missionais feitas para Abraão, Sara e Moisés na formação de um povo com uma missão.

No próximo volume teremos as visões conducentes e proféticas de Isaías e Apocalipse de uma nova criação prometida, o novo Céu e a nova Terra, e o ajuntamento dos povos.

E haverá mais volumes. Mulheres em missão na Bíblia. Salmos e o convite missional a todos os povos e toda a criação para adorar o único Deus. E assim vai...

A saber, depois dos primeiros volumes teremos a participação de diversos autores e autoras, escrevendo em parceria.

---

1 NOTA DO EDITOR: Por este motivo os livros bíblicos citados no subtítulo desta obra também não seguem a ordem canônica mas a sequência explicada pelos autores.

Bem-vindos e bem-vindas à aventura do Mergulho Missional!

O que vem a ser uma perspectiva *missional*? De que maneira um *mergulho missional* se distingue de qualquer outro estudo das Escrituras? Por fim, por que o enfoque em *Paulo*? Essas são as três perguntas que precisamos esclarecer logo de início, antes de embarcarmos nesta aventura de explorar a contribuição do maior missionário da igreja cristã nascente e também o primeiro grande "missiólogo", aquele que *reflete e articula* sobre o engajamento missionário, o pensador e ativista que Deus inspirou para dar as orientações mais fundamentais para mulheres e homens *ao longo da história*, os quais vestiram e vestem a camisa de agentes do governo de Deus, que está lentamente transformando o nosso mundo. Vamos aprofundar, uma por uma, as perguntas:

O que é "missional"?

Vamos esclarecer[2]: 1) a definição técnica da palavra, especialmente em relação ao adjetivo semelhante, "missionário"; 2) o surgimento histórico da palavra; e 3) o seu uso hoje.

---

2 Para uma explicação mais elaborada, veja CARRIKER, Timóteo. *O que é igreja missional: Modelo e vocação da igreja no Novo Testamento.* (Viçosa, MG: Ultimato, 2018.)

Primeiro, ***a definição técnica***. Essa é a parte mais fácil. Ao pé da letra, *não há distinção formal* entre "missional" e "missionário". Ambos os termos qualificam a "missão", que por sua vez se refere, de forma mais abrangente, a um "propósito" (no caso, os propósitos de Deus), ou, mais especificamente, ao "envio para cumprir uma tarefa". Então, por que usar duas palavras diferentes? Assim, temos uma próxima observação acerca da história do surgimento dessas palavras.

Segundo, ***a história dos derivados de "missão"***. Isso é um pouco mais complicado. Vamos resumir. Apesar de uma vasta literatura que procura enraizar a palavra "missão" nas Escrituras[3], o uso desse termo e seus derivados só surgiu nos movimentos missionários católicos e protestantes nos séculos 16 e 18.

Mais tarde surgiu uma distinção entre "missões" e "missão". Em 1932 Karl Barth publicou uma obra afirmando que todo trabalho missionário autêntico da igreja (*missio ecclesiae*) deriva necessariamente da missão de Deus (*missio Dei*). A distinção se deu, então, entre "missões" (da igreja) e "missão" (de Deus). Antes e acima de tudo, Deus tem uma missão. Outras pessoas avançaram a ideia, que a partir dos anos 1950 se consagrou como parte da linguagem missionária comum[4].

A distinção mais recente foi provocada quando o anglicano Lesslie Newbigin se aposentou do seu trabalho missionário como bispo da Igreja do Sul da Índia, voltou para a Inglaterra em 1974, encontrou um contexto cada vez mais avesso ao Evangelho e começou a aplicar no Ocidente os princípios missionários

---

3   Mais recentemente: CARRIKER, Timóteo. *O propósito de Deus e a nossa vocação: Uma teologia bíblica da missão toda*; (Viçosa, MG: Ultimato, 2021); GOHEEN, Michael. *A igreja missional na Bíblia: Luz para as nações*; (São Paulo: Vida Nova, 2014); WRIGHT, Christopher. *A missão de Deus: Desvendando a grande narrativa da Bíblia* (São Paulo: Vida Nova, 2014) e WRIGHT, *A missão do povo de Deus: Uma teologia bíblica da missão da igreja*. (São Paulo: Vida Nova, 2012.)

4   Para mais detalhes, veja GOHEEN, Michael. *A missão da igreja hoje: A Bíblia, a história e as questões contemporâneas*. (Viçosa, MG: Ultimato, 2019.)

que o guiavam no seu ministério na Índia. Foi através dessa aplicação dos princípios missionários, especialmente de como lidar com a cultura diferente do outro, não só no hemisfério Sul, mas naquele momento no próprio Ocidente, que eventualmente surgiu o termo "missional". Ao mesmo tempo, tanto no Leste quanto no Sul, ganhou força uma crítica do movimento missionário e suas práticas e atitudes imperiais, ao ponto de a palavra "missionário" se tornar pejorativa e um tanto desusada. Com isso, o uso de "missional" cresceu e começou a dominar os centros de reflexão missionária a partir da década de 1980 no hemisfério Norte e aqui no Brasil, nas últimas duas décadas.

Terceiro, *o uso de "missional" e sua relação com "missionário"*. Em primeiro lugar, o que os dois termos têm em comum? Ambos são adjetivos da missão tanto da Trindade quanto da igreja, e assim, conferem um aspecto fundamental às suas *identidades*. Deus é missionário. Deus é missional. A igreja é missionária. A igreja é missional. Por que, então, distinguir? Ou seja, existe alguma diferença? A resposta é sim.

A **diferença** *não* diz a respeito à distância. A igreja missionária *não* se preocupa com uma atividade exclusivamente distante ou transcultural enquanto a igreja missional se detém com um enfoque exclusivamente local[5].

A diferença essencial é que "missional" é uma pista de mão *dupla*. Paulo nos ensina os princípios de humildade, mutualidade e reciprocidade. A igreja é também o alvo da transformação pelo Evangelho, confrontando a cultura em que está inserida. Isso obriga a igreja a contemplar como tarefa missional não somente a transformação do seu meio imediato e de longe, mas também como a igreja e seus membros sempre precisam da transformação pelo Evangelho a fim de executar mais autenticamente a sua missão para reimaginar seu propósito e seus programas, para

---
5 Leia novamente *O que é igreja missional?*, mencionado acima.

repensar sua maneira de ser, para assumir sua responsabilidade missional, para dar um testemunho missional e para demonstrar atitudes missionais. Uma parte da tarefa pastoral do missionário Paulo era levar suas ovelhas a terem essa perspectiva missional. Agora, vamos à nossa segunda pergunta inicial:

Como será um estudo *missional* das Escrituras?

Ou de que maneira um *mergulho missional se distingue* de qualquer outro estudo das Escrituras? O que você, prezado leitor e prezada leitora, pode esperar desse tipo de estudo? Novamente, sem demasiadas complicações, partimos do pressuposto de que a Bíblia é um documento missionário ou missional. Um estudo ou uma interpretação missional é "missional" de quatro maneiras básicas: em termos da sua razão geral, do seu tema central, dos seus contextos locais e do seu propósito de preparar um povo para a sua missão até hoje.

Uma leitura missional reconhece a **razão missional** da composição e divulgação das Escrituras. A mera existência das Escrituras é a maior evidência de que Deus quer falar com a humanidade. A razão missional das Escrituras decorre diretamente do conceito de *missio Dei*. É Deus quem tem um propósito/missão para a humanidade, e por isso se comunica extensivamente com ela. Tanto o Deus que se revela nas Escrituras — Criador, Trino/relacional, justo, compassivo — quanto a natureza das Escrituras em si — comunicação encarnacional, ao mesmo tempo divina e humana — estabelecem os alicerces de uma leitura missional. Tal leitura, portanto, indagará a respeito dos propósitos de

Deus para a criação, do relacionamento apropriado com e entre os seres humanos e dos reparos da injustiça e do pecado pela justiça de Deus dentro da categoria da compaixão e da misericórdia dele. Quanto à natureza das Escrituras como modelo de leitura missional, tal leitura sempre explorará as maneiras como Deus se revelava, e ainda se revela, através das culturas humanas, e por isso estará também disposta a criticar todas as dimensões das nossas culturas que se opõem aos propósitos de Deus.

Uma leitura missional é missional também à medida que reconhece como **tema central** o propósito de Deus de resgatar a sua criação por meio de um Filho do Homem fiel/Jesus e, por consequência, de um povo específico fiel que levará esse propósito de Deus à sua conclusão final. Isto é, uma leitura missional reconhece o conteúdo central e o enredo principal das Escrituras como sendo origem, desenvolvimento e conclusão da missão/ propósito de Deus para a sua criação. Dessa forma, uma leitura missional de uma parte maior ou menor das Escrituras indagará a respeito do papel dessa parte dentro da meganarrativa da missão de Deus. Quando estudamos, por exemplo, as Cartas de Paulo, procuramos entender como essas cartas e os seus ensinos se enquadram dentro da história maior das Escrituras. Esta será uma leitura missional *temática*. Muito deste conteúdo missional temático diz respeito nem tanto ao envio missionário do povo de Deus, mas à sua identidade como um povo missional, afinal de contas, como poderá "missionar" sem primeiro ser bem "missionado"? O testemunho do povo de Deus sempre dependia e dependerá da coerência da vida e da conduta desse povo. Visto dessa maneira, a importância de uma leitura missional temática das Cartas de Paulo salta à vista, não?

Uma leitura missional também ressalta o **contexto missional** das Escrituras. Para muitos, isso fica mais evidente no Novo Testamento, mas o mesmo se aplica ao Antigo Testamento, também conhecido como as Escrituras Hebraicas. Isto é, quando os Evangelistas, Paulo e todos os autores escreveram guiados pelo Espírito Santo, escreveram a partir não de uma postura teológica ou doutrinária "fixa", mas à luz dos seus próprios contextos. Esses eram contextos em que o povo de Deus já havia recebido a incumbência de ser testemunha — logo, contextos de missão. Queremos destacar neste livro como as cartas paulinas surgiram em um contexto missionário e foram escritas com uma perspectiva e propósito missional para comunidades de fé com uma incumbência missional de ser "sal" e "luz" e abençoar todas as famílias da Terra.

Por fim, e em consequência dos últimos três tipos, uma leitura missional reconhece e explora *o propósito missional de preparar* um povo para o seu testemunho, o povo que leu originalmente e o povo que lê até hoje. Por exemplo, o Evangelho de Lucas e os Atos dos Apóstolos[6] foram escritos não só com *o propósito de equipar* a igreja daquela época para o seu engajamento missional, mas também para nos preparar hoje. Aliás, todas as Escrituras têm esse propósito missional, e cabe a nós lê-las não meramente como sujeitos da leitura, mas como objetos dessa leitura. Não somos apenas nós que lemos as Escrituras. As Escrituras *nos* leem, *nos* interpretam, *nos* exortam, *nos* convertem continuamente e *nos* enviam em missão! Assim, uma leitura missional se torna uma submissão de sermos lidos e conformados às Escrituras, mais propriamente ao autor por trás de todos os seus autores: o próprio Deus.

---

6 Cf. CARRIKER, Timóteo e GEORGE, Sherron. *O Evangelho de Lucas: um mergulho missional* (Londrina: Descoberta, 2018) e *Os Atos dos Apóstolos: um mergulho missional* (Curitiba: Esperança, 2021). Se quiser estudar a Bíblia toda da perspectiva missional, adquira a *Bíblia Missionária de Estudo*, da Sociedade Bíblica do Brasil. Trabalhamos juntos como coeditores da versão atualizada de 2022, contribuindo com notas, reflexões e introduções de cada parte do prisma missional. É uma ferramenta essencial para pessoas que se engajam na missão de Deus na sua comunidade ou em outros lugares.

Assim, uma leitura missional *multidimensional* das Escrituras é uma leitura que ressalta a origem e razão de seus termos; uma leitura a partir do enredo missional central das Escrituras esclarece seus contextos missionais e nos desafia, nos equipa e nos transforma em povo de Deus que serve à sua missão e ao seu propósito para o mundo.

Vamos, então, começar nossa leitura missional das Cartas de Paulo à luz de uma interpretação missional da Bíblia toda. Desafiamos cada leitor e leitora a ser mais fiel às suas origens nas Escrituras, a abraçar sua responsabilidade missional e ser uma testemunha mais fiel e eficaz na sua própria cultura e lugar e em culturas diferentes.

Por que Paulo?

Bem, isso você já vai descobrir nos primeiros capítulos.
Boa leitura!

1

Conhecendo melhor o apóstolo Paulo

Paulo, apóstolo — não da parte de pessoas, nem por meio de homem algum, mas por Jesus Cristo e por Deus Pai, que o ressuscitou dos mortos...

Porque vocês ouviram qual foi, no passado, o meu modo de agir no judaísmo, como, de forma violenta, eu perseguia a igreja de Deus e procurava destruí-la. E, na minha nação, quanto ao judaísmo, levava vantagem sobre muitos da minha idade, sendo extremamente zeloso das tradições dos meus pais.

Mas, quando Deus, que me separou antes de eu nascer e me chamou pela sua graça, achou por bem revelar seu Filho em mim, para que eu o pregasse entre os gentios, não fui imediatamente consultar outras pessoas, nem fui a Jerusalém para me encontrar com os que já eram apóstolos antes de mim, mas fui para as regiões da Arábia e voltei, outra vez, para Damasco. — **Gálatas 1.1,13-17**

Talvez os livros mais lidos na Bíblia sejam os Evangelhos que abrem o Novo Testamento — Mateus, Marcos, Lucas e João. Eles relatam em quatro perspectivas o nascimento, vida, morte, ressurreição e ascensão de Jesus Cristo. Depois vêm os Atos dos Apóstolos sobre o nascimento e crescimento da Igreja, com destaque para os missionários Pedro e Paulo. E a seguir? Cartas às novas igrejas. Quem escreveu a grande maioria delas? O apóstolo Paulo. E quem teve a maior influência na expansão da igreja cristã no seu início e até hoje? O apóstolo Paulo. Mais um detalhe: Quais livros no Novo Testamento foram escritos primeiro? As Cartas de Paulo.

Um tremendo influenciador!

Vamos conhecê-lo melhor. Imagine um documentário do primeiro século da era cristã. Afinal, cada pessoa nasce, cresce e se forma dentro de um contexto cultural que molda sua vida. Vivemos no mundo da tecnologia e informação digital, da mobilidade, das conexões e competições globais. Temos a influência das artes, redes sociais, costumes culturais, consumismo, educação, política, religiões. O ambiente não nos determina, mas nos influencia mais do que pensamos. Cada pessoa é singular, com sua genética e com liberdade para fazer suas escolhas e arcar com as consequências.

Para entendermos melhor o apóstolo Paulo e, quem sabe, nos entendermos melhor, queremos explorar o seu mundo e as principais influências na sua formação. Todo ser humano é complexo: nós, você, Paulo. O contexto dele é o seguinte: o judaísmo, a cultura grega, o império romano e a igreja nascente. São quatro influências que se inter-relacionam.

A influência do judaísmo

Era a primeira e principal influência na sua formação. Como Jesus, Paulo era judeu. Durante sua época, havia diversos ramos do judaísmo, sendo que um deles eram os fariseus, cada um achando que a sua fé era a mais autêntica. Será que isso acontece com toda tradição religiosa em todos os tempos?

No Antigo Testamento vemos a complexa história dos judeus. Sobreviveram a invasões políticas e culturais dos egípcios, assírios, babilônios, gregos e até dos romanos, mais recentemente, 63 anos antes de Cristo. Sim, era um povo resiliente e esperançoso, sempre lutando contra dominadores. Lembramos bem do Holocausto.

Passou um longo período de crise de identidade, quando as promessas antigas de Deus a Abraão, Moisés e Davi não pareciam estar se cumprindo. Perguntavam-se o que significava participar do povo de Deus e ser leal à sua lei e como poderiam manter a identidade judaica diante do mundo pagão, cada vez mais persuasivo e persistente. Porém, nesse clima de dúvidas, incertezas e frustração, havia uma luzinha: a esperança do prometido Reino de Deus, que desde o início moldava a fé e a religião judaicas.

E que relação tem isso com as Cartas de Paulo? É que esse era o mundo ao qual Paulo pertencia e se dedicava com intenso afinco. Paulo não era um judeu qualquer. Era da importante tribo de Benjamim, um fariseu, um hebreu dos hebreus (Fp 3.4-6), "extremamente zeloso das tradições" judaicas (Gl 1.13s). Era um judeu de destaque, radical, fundamentalista, tanto que perseguia e queria matar os crentes e destruir a igreja. Atenção! O extremismo e obsessão doutrinal de qualquer pessoa muito religiosa carrega perigos, seja ela judia, católica, evangélica, muçulmana ou de outras tradições.

A influência da cultura grega

O segundo mundo que Paulo habitava era o mundo grego, que durante os três séculos anteriores havia permeado quase todo canto do mundo mediterrâneo e além. Com as conquistas de Alexandre, o Grande, a língua grega foi se tornando a língua no império romano e o pressuposto do pensamento com filósofos como Platão, Aristóteles e Hipócrates, pai da ciência da medicina.

Embora houvesse uma variedade de pensamentos gregos, a cultura e os valores gregos, e — no caso de Paulo — o estilo grego de comunicação conhecido como a retórica, eram poderosos e abrangentes. Paulo discursou em Atenas (At 17.16-33), um centro intelectual e cultural com arte, esculturas, literatura, filosofia e arquitetura muito admiradas e avançadas, com fama de ser o berço da civilização grega, da democracia e dos jogos olímpicos. Paulo ficava bem à vontade no mundo popular do discurso grego, mesmo sabendo que *levamos cativo todo pensamento à obediência de Cristo* (2Co 10.5). Ele usava facilmente as figuras de linguagem dos moralistas gregos, muitas vezes dando-lhes novo conteúdo. Sabia que o Deus de Abraão e, portanto, dos judeus era o Criador do mundo (At 17.24) e que havia escolhido Abraão para abençoar todas as famílias da Terra (Gn 12.1-3). Por isso, Paulo se dirigia aos povos e aos dominadores do mundo não judeu. Tinha uma mente aberta ao diálogo com filosofias, religiões, ciência e arte. Ele nos ensina como conviver e interagir e não nos isolarmos de nossa cultura.

A influência do império romano

O mundo que os dominadores políticos do império romano estavam construindo era o terceiro mundo de Paulo. Ele era cidadão romano e se aproveitou disso quando precisou, mas não deixou de se posicionar contra a ideologia e o culto ao imperador. Paulo não negava sua tradição judaica que criticava os seus dominadores pagãos desde os tempos da opressão egípcia, quase um milênio antes.

Paulo acreditava que o Deus de Israel finalmente havia enviado o Messias para ser o Justo "Senhor" (do grego *kyrios*) do mundo como o próprio "Filho de Deus" (Rm 1.4) e "Salvador", os mesmos títulos que o imperador usava para si mesmo. Isso só poderia gerar conflito, e onde quer que Paulo viajasse o conflito o perseguia (At 17.7). A cultura e língua gregas davam sustento filosófico para a ideologia e culto do império romano. Pois é. Paulo vivia, trabalhava, pensava e escrevia dentro de um mundo complexo e integrado.

Na visão do Reino de Deus, a dominação e a imposição não têm espaço. Mais recentemente, o mundo tem sofrido os danos do colonialismo e imperialismo econômico do hemisfério norte, da escravatura, da exclusão da mulher e do espólio da terra.

A influência da comunidade cristã nascente

Finalmente, Paulo também pertencia à comunidade do Messias, ao povo de Deus, que ele chamava de *ekklēsia* ("igreja" ou "chamados para fora"), que correspondia à comunidade da sinagoga judaica e às reuniões cívicas no mundo gentílico. Embora a *ekklēsia* tenha suas raízes firmes no povo de Deus desde Abraão, esse grupo não se definia por origem étnica ou classe social. Não era um clube exclusivo, embora tenha sido às vezes visto dessa maneira por seus membros.

A igreja, a assembleia de Jesus, o Messias, formava um mundo em si, ligado, mas distinto das outras três influências. Às vezes Paulo se distancia da igreja mãe (Gl 1.15-19) para afirmar sua autoridade apostólica, mas ele deixa clara a sua dívida e vínculo à igreja mãe do início (1Co 15.3) até o fim (Rm 15.19s). Para quem segue Jesus Cristo hoje, sua autêntica igreja tem uma forte influência em nossas vidas.

A conversão de Paulo

Diferentemente da concepção da conversão hoje, do "mal" para o "bem" (não que Deus não converta pessoas com conduta deplorável em pessoas exemplares), Paulo não era um sujeito "ruim" antes da sua conversão. Ele testemunha que era antes muito bom, até mesmo uma pessoa "irrepreensível" em sua conduta (Fp 3.6), mas considerava todo esse "bem" como "lixo" em comparação com o seu novo conhecimento de Cristo.

O que aconteceu? Na estrada para Damasco Paulo sofreu uma profunda mudança. Antes do seu encontro com Jesus, ele era um judeu comprometido e zeloso. Como todo judeu convicto, dava importância teológica para a manutenção dos sinais externos distintos da identidade cultural do judaísmo — a observação do sábado, a circuncisão e as leis culinárias. Digamos que era fiel à sua tradição até o último grau. Foi essa dedicação à sua herança judaica (que dizia que quem morria crucificado era impuro — cf. Dt 21.23; Gl 3.13) que o levou a perseguir a comunidade cristã (Gl 1.13s). Sua experiência de conversão, o encontro com o Crucificado agora Ressurreto, provocou uma revisão radical no seu estilo de vida e na sua visão do mundo. Passou de principal perseguidor a protagonista do movimento cristão primitivo; de "zeloso das tradições dos meus pais" a apóstolo "entre os gentios".

Perguntas para reflexão e ação

- Faça uma análise contextual das principais influências na sua formação e visão de mundo abrangendo família, religião, cultura e política.

- Como você entende e dialoga com pessoas que têm uma filosofia de vida ou religiosidade diferente da sua?

- Leia Atos 9.1-25. Quais são as semelhanças entre a conversão de Saulo e a mudança que aconteceu na sua vida?

2

Viajando com o missionário Paulo

Passados três anos, fui a Jerusalém para me encontrar com Cefas e fiquei quinze dias com ele. E não vi outro dos apóstolos, a não ser Tiago, o irmão do Senhor. Ora, a respeito do que estou escrevendo a vocês, afirmo diante de Deus que não estou mentindo.

Depois, fui para as regiões da Síria e da Cilícia. E eu não era conhecido pessoalmente pelas igrejas da Judeia, que estão em Cristo. Ouviam somente dizer: "Aquele que antes nos perseguia, agora prega a fé que no passado procurava destruir." E glorificavam a Deus a meu respeito.
— **Gálatas 1.18-24**

A conversão de Saulo foi uma experiência marcante! Mudança radical de rumo! O temido inimigo se tornou irmão. E agora? Paulo não perdeu tempo. Conversão é comissão, vocação de seguir Jesus e anunciar Jesus. Pé na estrada. Como, onde e quando ia pregar "entre os gentios"? Coisa estranha para um judeu convicto! Eis aí o grande desafio!

Lucas nos conta em Atos que após sua conversão, *Saulo permaneceu alguns dias com os discípulos em Damasco*. E logo, nas *sinagogas, proclamava Jesus, afirmando que ele é o Filho de Deus* (At 9.19b-20). Depois, Paulo falou: *fui para as regiões da Arábia e voltei, outra vez, para Damasco* (Gl 1.17b). É claro que ele deve ter meditado sobre o seu chamado na Arábia, região perto de Damasco, mas seu foco lá foi pregar o Evangelho.

Voltando para Damasco, os frutos do seu ministério foram tão grandes que os judeus queriam matá-lo e os discípulos o ajudaram a escapar (At 9.22-25). O perseguidor virou perseguido. Essa primeira fase durou dois anos, e há muitas fases e viagens a seguir.

Duas cronologias

Como vamos organizar nosso mergulho nas Cartas de Paulo? Efetivamente são *duas* cronologias de Paulo: a cronologia das suas *viagens* missionárias e a cronologia da composição das suas *cartas*. Isso porque Paulo normalmente escrevia para uma igreja algum tempo depois de tê-la estabelecido, salvo no caso da Carta aos Romanos, os quais ele ainda não havia visitado quando lhes escreveu. Também ele viajou para algumas das suas igrejas várias vezes.

Nossa organização neste livro segue a segunda cronologia, da composição das Cartas de Paulo. No livro *Os Atos dos Apóstolos: um mergulho missional*, acompanhamos o relato de suas viagens, mas imaginamos Paulo também escrevendo suas cartas e demos algumas sugestões de quando e onde ele pode ter feito isso. Há debates sobre a sequência da cronologia de algumas das cartas, mas isso não afeta nosso mergulho nelas.

A cronologia das viagens missionárias

Antes de embarcarmos no estudo das cartas em si, na ordem em que poderiam ter sido escritas, vamos relembrar a *primeira* cronologia das viagens de Paulo. Juntaremos o relato de Lucas em Atos às referências das próprias Cartas de Paulo. Ponto-chave: Paulo está interessado na significância estratégica das suas viagens dentro do plano de Deus para a salvação dos judeus e dos não judeus.

A prioridade de Jerusalém

Passados três anos, fui a Jerusalém (Gl 1.18a). Lá ele começou um trabalho evangelístico ousado (At 9.26-30). Paulo vai viajar muito, mas é digna de reflexão a importância que deu a Jerusalém e suas muitas visitas lá.

Por que será? Paulo entendeu que na morte e ressurreição do Messias, Deus estava cumprindo as suas promessas primeiro para os judeus e, através deles, para os gentios. Por causa da prioridade do cumprimento de Deus para os judeus, Paulo, sempre que era possível, pregava primeiro nas sinagogas (At 13.14; 14.1; 17.2; 18.8, 26; 19.8) e sempre teve Jerusalém como o ponto de partida das suas viagens (Rm 1.16; 15.19). Sua estratégia não era de se afastar cada vez mais de Jerusalém, mas era uma estratégia "circular"[7], sempre voltando para Jerusalém, porque Paulo acreditava que a salvação dos judeus e dos não judeus estava interligada (Rm 11.16-18; Ef 2.11-22).

Portanto, "Jerusalém" é o ponto de partida e um bom "gancho" para organizar as viagens de Paulo de mais de 16.000 quilômetros, sem avião ou carro. São pelo menos seis viagens partindo de Jerusalém. Segure o fôlego e aperte o cinto. Baita itinerário!

A *primeira partida de Jerusalém* (33/34 d.C.)[8] não foi como enviado do Messias, mas como perseguidor (Gl 1.15-17; At 9.1-25). Paulo ainda era conhecido como Saulo e não se cansava de ameaçar de morte os seguidores do Messias. Pede cartas do sumo sacerdote para se apresentar nas sinagogas da cidade de Damasco a fim de continuar a sua caça violenta. No caminho, Jesus aparece em um raio de luz e Paulo é transformado de perseguidor em protagonista da fé. Continua *em direção a Damasco*, onde permanece na região durante dois anos de ministério "independente". (Veja Mapa 1)

A *segunda partida de Jerusalém* (34-46 d.C.) ocorre quando Paulo, depois do seu encontro com Jesus, prossegue *para as regiões da Síria e da Cilícia* (Gl 1.21), inicialmente ainda um período de ministério "independente", mas depois (47-48 d.C.) se junta a Barnabé para desenvolver um ministério em Antioquia (Gl 1.18-24; At 9.30). (Veja Mapa 2)

---

7   A palavra *kuklō*, em Romanos 15.19, normalmente é traduzida como "circunvizinhanças", mas literalmente significa "em círculo".

8   Para estas datas, veja WITHERINGTON III, Ben. *História e histórias do Novo Testamento*. (São Paulo: Vida Nova, 2005.)

Mapa 1: A fase inicial da missão de Paulo: Damasco e Arábia

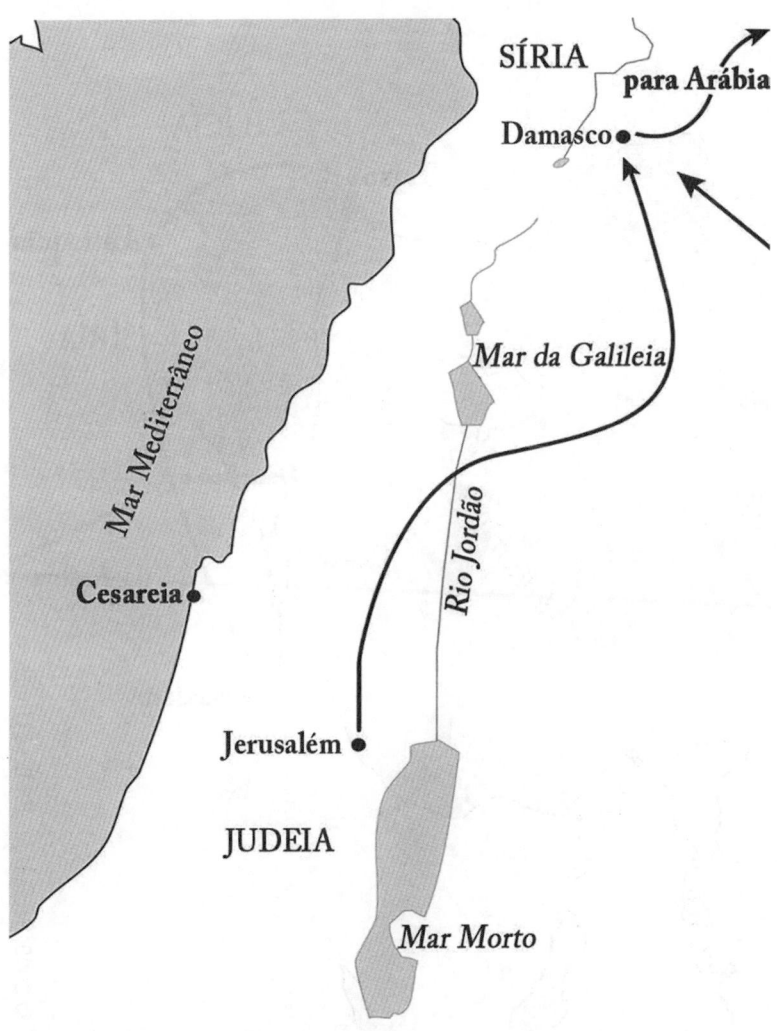

Mapa 2 : A segunda fase do ministério missionário de Paulo: de Jerusalém para Síria, Cicília e Antioquia

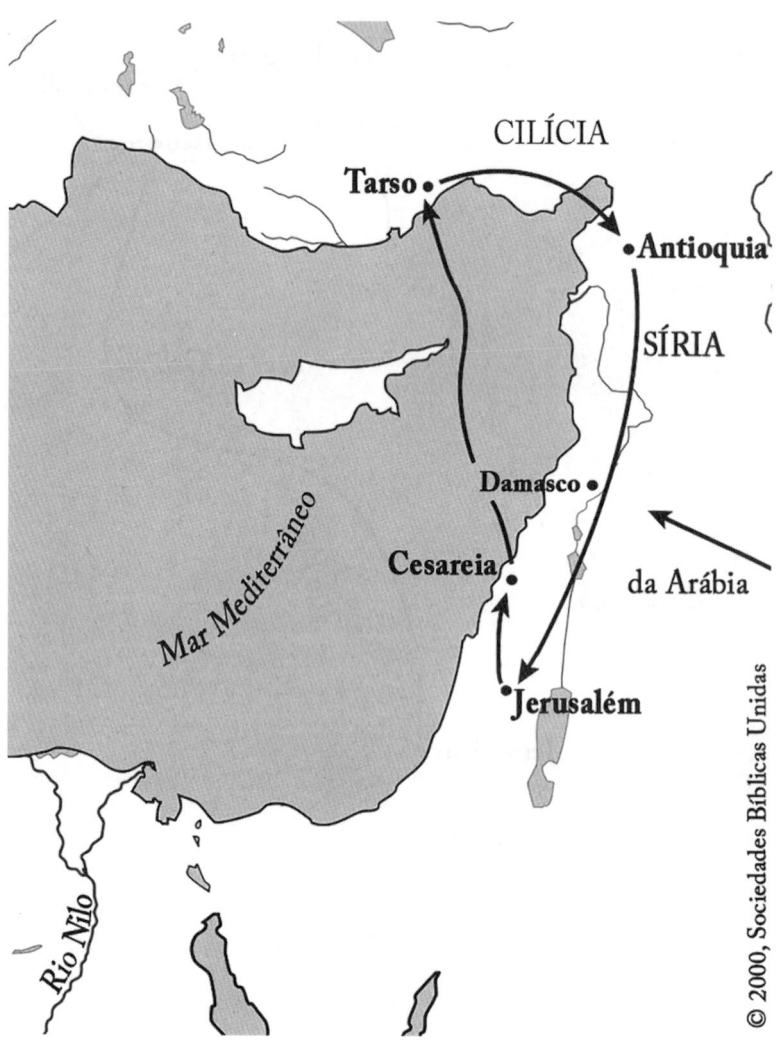

A *terceira partida de Jerusalém* (48-49/50 d.C.) é comumente conhecida como a "primeira" viagem missionária de Paulo. Entretanto, acabamos de reparar, Paulo já estava viajando, evangelizando e realizando um ministério missionário havia alguns anos. Nessa viagem, Paulo, junto com Barnabé e inicialmente João Marcos, vai para Antioquia da Síria (Gl 2.1-10; At 12.25), de onde são enviados pela igreja de Antioquia para a Ásia Menor, inicialmente para Chipre (At 13.4-12), depois para Perge da Panfília, Antioquia da Pisídia (At 13.13-15), Icônio (At 13.51), Listra e Derbe (At 14.6), de onde retornam pela mesma rota, salvo a ilha de Chipre, para Antioquia da Síria (At 14.21-28). (Veja Mapa 3)

A *quarta partida de Jerusalém* (50-52 d.C.), conhecida nos mapas das nossas Bíblias como a "segunda" viagem missionária de Paulo, acompanhado dessa vez por Silas, foi *em direção à Ásia Menor e ao sudeste da Europa* (At 15.1-5,22,40s). Nessa viagem, Paulo passa novamente por Antioquia da Síria (At 15.22), Derbe, Listra e Icônio (At 16.1s). Em seguida, avança para território novo: a região frígio-gálata (At 16.6), Trôade (At 16.8), a região da Macedônia (Filipos em At 16.10-12, Tessalônica em At 17.1 e Bereia em At 17.10). Depois, prossegue para a Grécia (Atenas em At 17.15 e Corinto em At 18.1). Então volta para Éfeso (At 18.19) na Ásia Menor e para Cesareia na chegada para Jerusalém (At 18.22). (Veja Mapa 4)

Mapa 3: A terceira fase do ministério missionário de Paulo: de Jerusalém para Antioquia, Chipre e Galácia

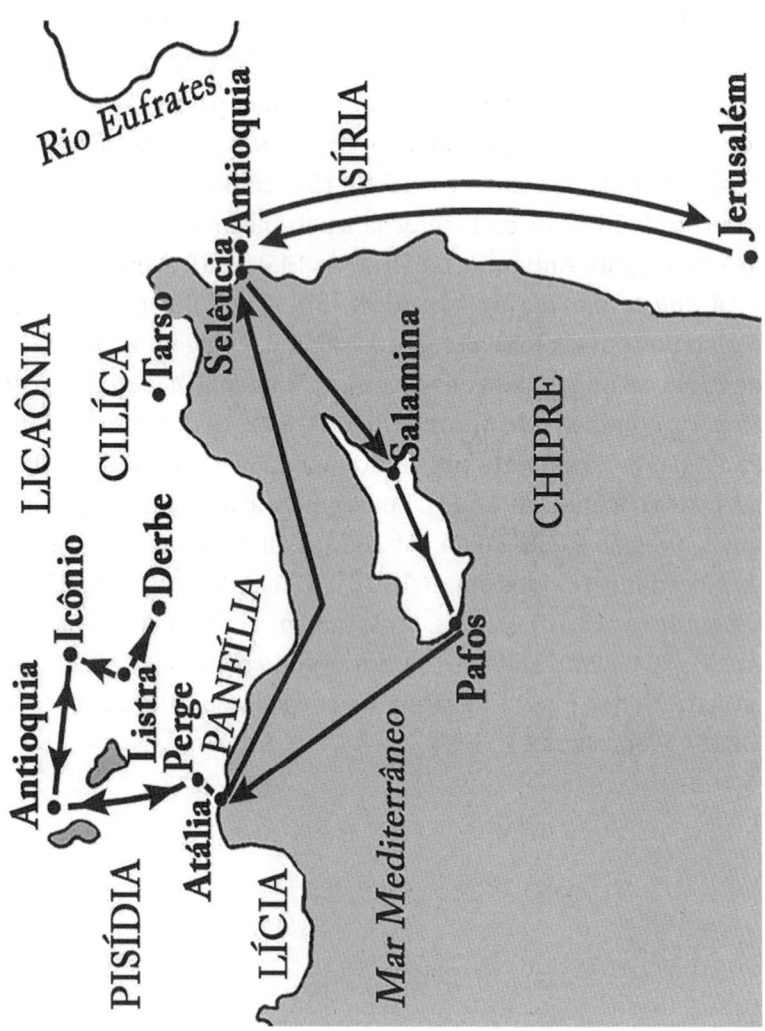

Mapa 4: A quarta fase do ministério missionário de Paulo: de Jerusalém para Macedônia e Acaia

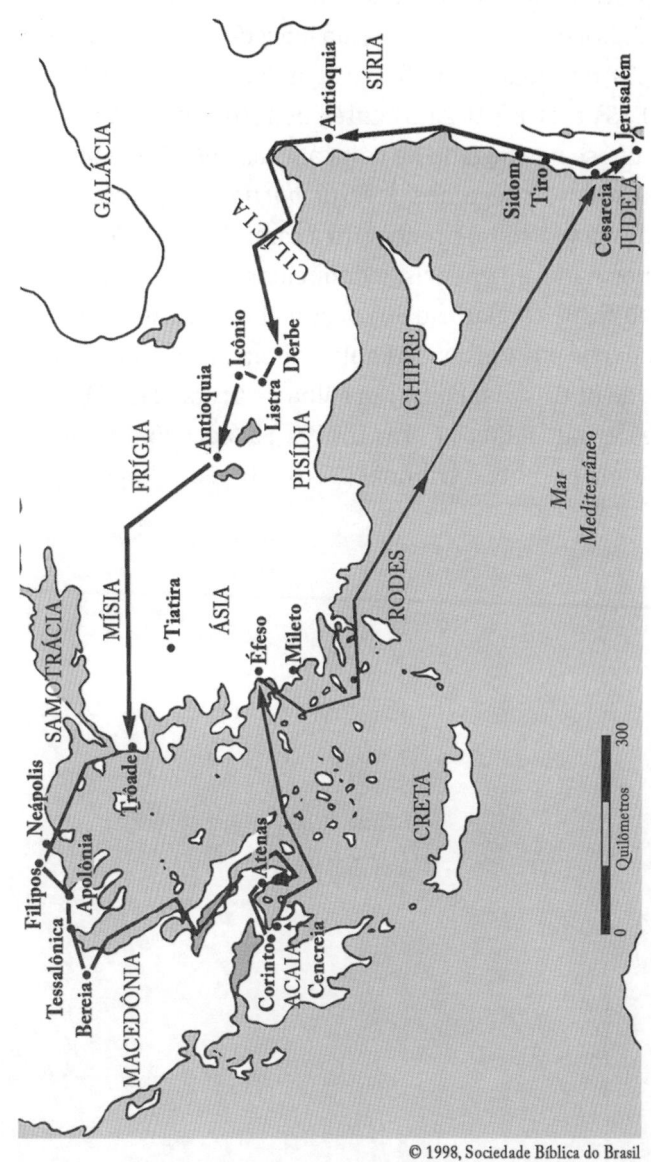

A *quinta partida de Jerusalém* (53-57 d.C.), conhecida como a "terceira" viagem missionária de Paulo, foi novamente *para a Ásia Menor e sudeste da Europa* (At 18.22s). Nessa viagem, Paulo visita novamente as igrejas de Antioquia, da Galácia e da Frígia (At 18.22s), de Éfeso (At 19.1), da Macedônia (At 20.1), da Grécia (At 20.2), de Trôade (At 20.7) e agora acrescenta visitas a Mileto (At 20.15) e Tiro (At 21.3) antes de retornar para Cesareia (At 21.8), quase na chegada de volta a Jerusalém. (Veja Mapa 5)

Finalmente chegamos à *sexta partida de Jerusalém* (57-59 d.C.), dessa vez como prisioneiro a caminho *para Roma* (59 d.C.), onde permaneceu em prisão domiciliar (60-62 d.C.; At 21.15 até o capítulo 28). O relatório de Lucas no Livro de Atos termina aqui, mas a partir das Cartas de Paulo podemos considerar a possibilidade de outras viagens: para a ilha de Creta (Tt 1.5) e possivelmente de volta a Éfeso (1Tm 1.3,19s); a Macedônia e novamente para Roma perante o tribunal (2Tm 4.16-18). (Veja Mapa 6)

Viajando com o missionário Paulo 35

Mapa 5: A quinta fase do ministério missionário de Paulo: de Jerusalém para a Ásia, a Macedônia e Acaia

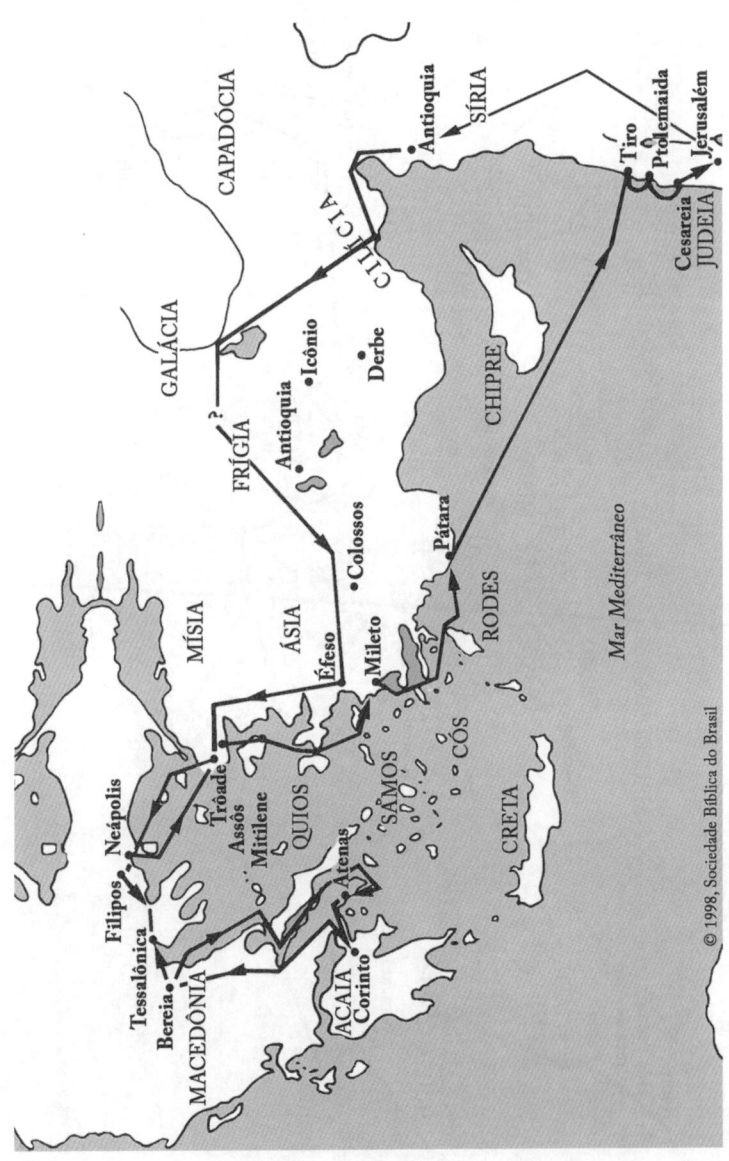

Mapa 6: A sexta fase do ministério missionário de Paulo: de Jerusalém para Roma

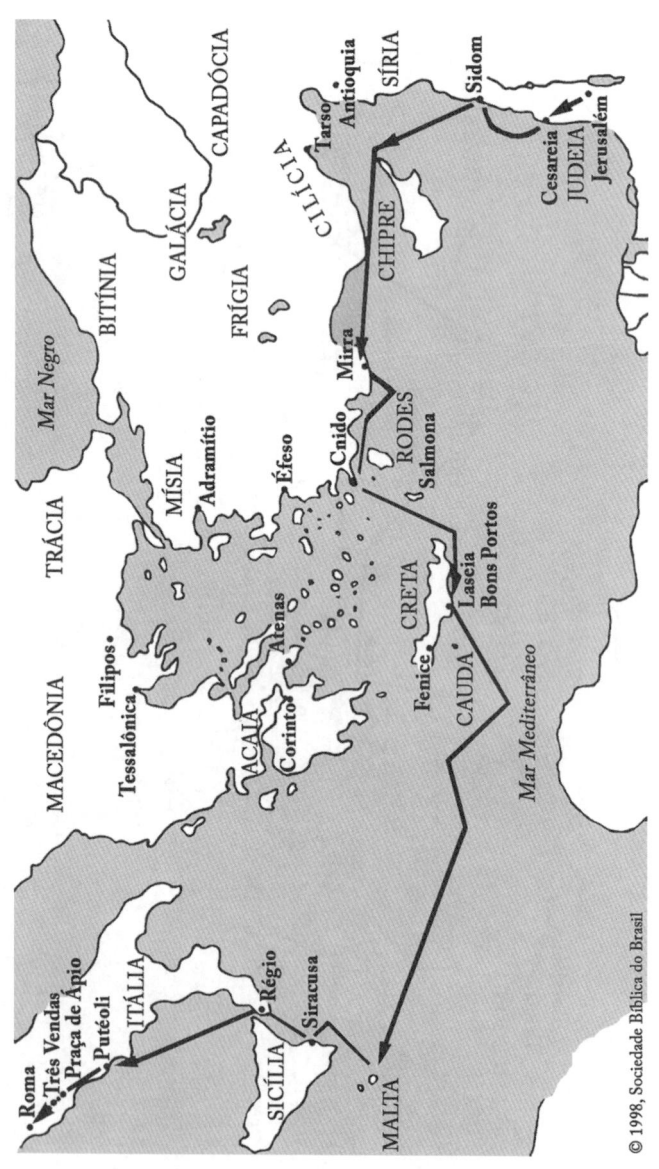

Assim, ao longo do seu ministério, Paulo foi abrindo um círculo cada vez maior entre Jerusalém e todas as nações (Rm 15.19), entre os judeus e também os gregos (Rm 1.16).

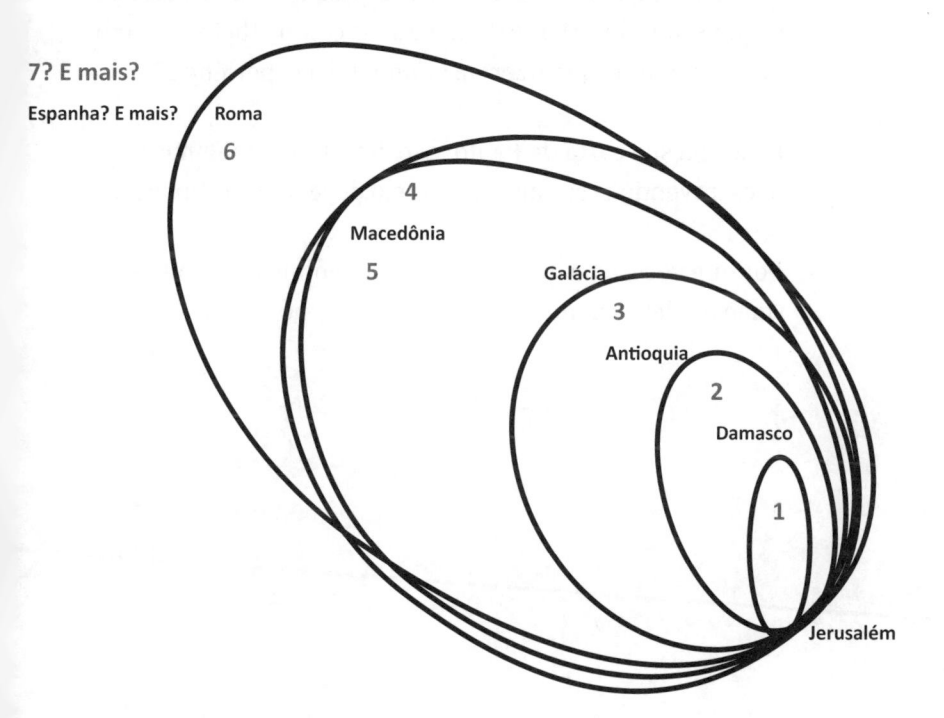

7? E mais?
Espanha? E mais? Roma
6
4
Macedônia
5
Galácia
3
Antioquia
2
Damasco
1
Jerusalém

Cansou-se do giro? Com todas essas andanças e aventuras, e com muito sofrimento e alegria, Paulo encontrou tempo para escrever suas cartas. Nada de escritório tranquilo. Impressionante, não é? Tendo essa visão panorâmica em mente, dá para imaginar os contextos e condições de onde ele escreveu e as igrejas para quem escreveu. Vamos nos aprofundar. Mergulhar nessas cartas é mergulhar "em Cristo", um insondável Mistério.

Perguntas para reflexão e ação

- Use sua imaginação e descreva tudo que você sabe sobre as viagens missionárias de Paulo e seus companheiros. Como procederam? O que fizeram? Como foi a experiência?

- Pense na sua carta de Paulo favorita e tente imaginar Paulo escrevendo essa carta. Como ele deve ter se preparado?

- Por que você acha que Paulo sempre voltava para a igreja-mãe em Jerusalém? Qual é a lição para nós?

3

Degustando as Cartas de Paulo

E eu mesmo, meus irmãos, estou certo de que vocês estão cheios de bondade, têm todo o conhecimento e são aptos para admoestar uns aos outros. Entretanto, eu lhes escrevi, em parte mais ousadamente, como para fazer com que vocês se lembrem disso outra vez, por causa da graça que me foi dada por Deus, para que eu seja ministro de Cristo Jesus entre os gentios, no sagrado encargo de anunciar o evangelho de Deus, de modo que a oferta deles seja aceitável, uma vez santificada pelo Espírito Santo. Tenho, pois, motivo de gloriar-me em Cristo Jesus nas coisas concernentes a Deus. Porque não ousarei falar sobre coisa alguma, a não ser sobre aquelas que Cristo fez por meio de mim, para conduzir os gentios à obediência, por palavra e por obras, por força de sinais e prodígios, pelo poder do Espírito de Deus. Assim, desde Jerusalém e arredores até o Ilírico, tenho divulgado o evangelho de Cristo, esforçando-me, deste modo, por pregar o evangelho, não onde Cristo já foi anunciado, para não edificar sobre alicerce alheio. — **Romanos 15.14-20**

Não é difícil explicar a importância das Cartas de Paulo na história do cristianismo, começando com a Igreja primitiva. É verdade que no Novo Testamento os escritos de Lucas — o seu Evangelho e o Livro de Atos — são um pouquinho mais extensos do que as Cartas de Paulo, mas o Livro de Atos já focaliza o apóstolo Paulo em 18 dos seus 28 capítulos! A Igreja primitiva, ao incluir um número maior de cartas de Paulo do que dos outros apóstolos, também destaca a sua importância.

Pois bem. Você, cara leitora e prezado leitor, escolheu um ótimo livro para esse mergulho. Veja só: são os escritos de Paulo que esclarecem algumas das maiores crises das primeiras décadas do cristianismo, tais como:

- as condições de inclusão dos gentios no povo de Deus sem as marcas tradicionais e bíblicas da circuncisão, da observância do sábado e das leis alimentares;

- a transição da centralidade do templo para a centralidade da reunião do povo de Deus no culto; e

- a significância da cruz, que nos questiona e desafia, como modelo para o ministério e a vida cristã.

Nos séculos seguintes, as Cartas de Paulo foram fundamentais para o desenvolvimento das ideias de grandes líderes da igreja, como Santo Agostinho, Martinho Lutero e João Calvino. Essa influência nas ideias de grandes pensadores da fé continua até hoje, por exemplo, na teologia de Karl Barth.

Tem mais: não foram apenas as *ideias* de Paulo que influenciaram a Igreja durante todas as épocas. A sua *vida* e o seu *ministério* foram inspiração para inúmeros pioneiros e pioneiras que levaram o Evangelho literalmente até os lugares mais remotos da Terra. Não é exagero, então, pensar no apóstolo Paulo como o maior dos missionários que a Igreja já viu. Leia os textos bíblicos e as páginas a seguir com muita atenção e abertura. Abra sua mente e seu coração para aprendizados transformadores. Que o Espírito sopre na sua vida e dirija sua ação missional!

Quais são as Cartas de Paulo?

Essa parece uma pergunta fácil. Não seriam todas aquelas que se afirmam como tal? Infelizmente a questão não é tão simples assim e com honestidade não queremos esconder a controvérsia. Certamente, ao fechar o cânon do Novo Testamento no final do século 4, as cartas que levam o nome de Paulo eram todas entendidas como sendo da sua autoria.

Porém, hoje existem dúvidas a respeito da autoria original de algumas dessas cartas, e os estudiosos estão bastante divididos. De modo geral, as maiores dúvidas giram em torno das duas Cartas a Timóteo e da Carta a Tito. Essas cartas apresentam pré-requisitos para os oficiais da igreja, mas alguns argumentam que não havia os ofícios de bispo e diácono durante o ministério de Paulo. Logo, desse ponto de vista, essas cartas não poderiam ter sido escritas por Paulo.

De modo semelhante, alguns duvidam que Paulo poderia ter escrito a Carta aos Efésios, e alguns ainda questionam sua autoria de Colossenses e 2 Tessalonicenses. Quando tal autoria é questionada, normalmente se entende que algum discípulo de Paulo teria escrito a carta em questão e atribuído ao apóstolo como uma maneira de homenageá-lo, o que não seria coisa má. Quem não queria fazer um discípulo assim? Se ele não as escreveu, elas mostram sua tremenda influência, o que é uma coisa boa. Não vamos entrar nos prós e contras dos argumentos, afinal, as dúvidas são contemporâneas. Vale dizer: não faz diferença nas interpretações e ensinos. A liderança da Igreja primitiva mantém o consenso de que Paulo escreveu todas essas cartas, e neste livro vamos com ela.

O papel histórico das Cartas de Paulo

Foram as cartas desse ex-rabino muito esforçado que transformaram mais um movimento judaico (os nazarenos) entre vários (fariseus, saduceus, essênios, zelotes etc.) em um movimento de amplitude verdadeiramente multiétnico e mundial. Mais tarde, essas mesmas cartas teriam um papel determinante no surgimento da Reforma Protestante, que, por sua vez, definiu os contornos principais de toda a cultura ocidental atual. Além disso, elas forneceram a chama que incendiou e transformou inúmeros homens e mulheres, inclusive importantes líderes da fé cristã.

Por todas essas razões, vamos mergulhar e conhecer melhor as cartas que Paulo escreveu. Paulo era transparente, ousado, terno e autêntico. Suas cartas foram usadas por Deus em todas as épocas para nortear tanto o pensamento da Igreja quanto sua expansão missionária. Garantimos que você vai encontrar novidades, desafios, correções de atitudes e um guia de teologia, ética e boas práticas missionais.

A teologia das Cartas

Fato curioso: Paulo era um homem de fé, intensamente devoto, um teólogo conservador e comprometido antes de seu encontro com Cristo. Grande parte da sua teologia permaneceu intacta mesmo depois desse encontro, haja vista seu entendimento sobre a soberania de Deus, sua visão das Escrituras e sua compreensão do comportamento de um justo.

No entanto, pontos cruciais do seu entendimento teológico anterior, como sua perspectiva da lei e da escatologia, sofreram uma transformação radical. No centro dessas transformações e no centro de toda a teologia paulina encontra-se sua nova perspectiva sobre a morte e a ressurreição de Jesus. Ele entendeu que, embora a morte de Jesus em uma cruz fosse loucura para os gregos e uma pedra de tropeço para os judeus, para os que estavam sendo salvos era o poder e a sabedoria de Deus (1Co 1.23). A crucificação e a ressurreição passaram a ser uma nova forma de compreender a vida cristã. Por isso, o "escândalo" da cruz é a crise e a chave do cristianismo.

A leitura contextual das Cartas de Paulo

As Cartas de Paulo, como as outras cartas do Novo Testamento, foram escritas para uma ocasião ou contexto específico e apropriado. Não são tratados teológicos sistemáticos um tanto abstratos. Não foram escritos em um mosteiro ou seminário. Isso significa que as cartas são direcionadas para resolver dificuldades e problemas concretos e específicos das congregações para as quais foram escritas. Pode-se aprender muito dessas situações específicas quando se esforça para entender o contexto original. Aliás, quando não se entende esse contexto histórico, são feitas muitas interpretações equivocadas que prejudicam a igreja. Portanto, importa conhecer a cultura, as crenças e as atividades do *contexto geográfico e histórico* dos destinatários das cartas. Topa?

Ler essas cartas é quase como ouvir a conversa de alguém que está falando ao telefone: só se escuta um lado. Entretanto, com um pouquinho de conhecimento a respeito da pessoa que está do outro lado da conversa telefônica, muito se pode deduzir acerca dos motivos, das estratégias e dos propósitos da parte da conversa que estamos escutando.

No filme "Sociedade dos Poetas Mortos", o professor de literatura, Dr. Keating, na primeira aula leva os alunos para fora da sala de aula, para o saguão do colégio, a fim de ficarem bem pertinho dos quadros das celebridades que lá estudaram e tentarem "escutar" suas vozes. É isto que queremos fazer: escutar a Palavra que ecoa em todas as palavras de Paulo, unir enraizamento na Bíblia e abertura ao Espírito, aproveitar ao máximo essas preciosas cartas, degustar, saborear.

Essa é nossa tarefa ao estudarmos as Cartas de Paulo. Não é tanto estudar "teologia", mesmo que se aprenda muito da teologia de Paulo, é mais uma questão de saber como viver autenticamente a vida diária cristã e engajar-se fielmente na missão de Deus.

Perguntas para reflexão e ação

- Como você avaliaria a importância e o impacto que as Cartas de Paulo têm na sua vida?

- Quais são suas expectativas ao ler este livro? Escreva sua lista.

- Quais são algumas perguntas ou dúvidas que gostaria de ter esclarecidas? Se pudesse fazer uma pergunta para Paulo hoje, qual seria?

4

1 e 2 TESSALONICENSES
Uma igreja missional modelo

Paulo, Silvano e Timóteo, à igreja dos tessalonicenses, em Deus Pai e no Senhor Jesus Cristo. Que a graça e a paz estejam com vocês.

Sempre damos graças a Deus por todos vocês, fazendo menção de vocês em nossas orações e, sem cessar, lembrando-nos, diante do nosso Deus e Pai, da operosidade da fé que vocês têm, da dedicação do amor de vocês e da firmeza da esperança que têm em nosso Senhor Jesus Cristo. Sabemos, irmãos amados por Deus, que ele os escolheu, porque o nosso evangelho não chegou a vocês somente em palavra, mas também em poder, no Espírito Santo e em plena convicção. E vocês sabem muito bem qual foi o nosso modo de agir entre vocês, para o próprio bem de vocês. E vocês se tornaram nossos imitadores e do Senhor, recebendo a palavra com a alegria que vem do Espírito Santo, apesar dos muitos sofrimentos.

> *Assim, vocês se tornaram modelo para todos os crentes na Macedônia e na Acaia. Porque a partir de vocês a palavra do Senhor repercutiu não só na Macedônia e na Acaia, mas a fé que vocês têm em Deus repercutiu em todos os lugares, a ponto de não termos necessidade de dizer mais nada a respeito disso... as pessoas desses lugares falam sobre... como, deixando os ídolos, vocês se converteram a Deus, para servir o Deus vivo e verdadeiro e para aguardar dos céus o seu Filho, a quem ele ressuscitou dentre os mortos, a saber, Jesus, que nos livra da ira vindoura.* — **1 Tessalonicenses 1.1-10**

O que é preciso conhecer para degustar as Cartas de Paulo? Os contextos para onde escrevia, incluindo a geografia, religião e política da época. Vamos nessa?

A cidade de Tessalônica

Era a capital da província romana da Macedônia, hoje um território grande na Península Balcãs. A Macedônia antiga era um reino poderoso. Um dos seus reis fundou o império Greco-macedônico, que através do seu filho, Alexandre, o Grande, conquistou a Pérsia e praticamente todo o Oriente Médio e Egito, chegando até a Ásia. Tessalônica, a cidade mais populosa, estabeleceu-se como a sede do governo quando a Macedônia se tornou uma província romana em 146 a.C. Também era um importante centro comercial junto à estrada principal.

O culto imperial. O que significa "deixando os ídolos" (v. 9)? Na época de Paulo, o culto imperial com o seu grande templo, especialmente seu culto entusiástico e honorífico de Roma, já era bem divulgado. De acordo com esse culto, esperava-se o alvorecer de uma nova era junto com o seu governador/deus, Júlio César e os seus sucessores, honrados como "salvador", "senhor", "filho de Deus", "benfeitor", e "deus manifesto". A admoestação de Paulo em 1 Tessalonicenses 5.3, de que a destruição apocalíptica cairia sobre aqueles que proclamam "paz e segurança", é uma alusão irônica à propaganda imperial romana (*"fake news"*) que circulava em Tessalônica. Diante desse contexto, não é nada surpreendente que muitos entendessem que os cristãos estavam desafiando os "decretos de César" (At 17.7). O Evangelho de Paulo confrontava radicalmente a divinização e os "ídolos" das ideologias políticas.

A igreja dos tessalonicenses

Paulo, junto com Silas (Silvano) e Timóteo, estabeleceu a igreja em Tessalônica logo depois da sua saída de Filipos. Pregaram na sinagoga três sábados com resultados impressionantes entre judeus, numerosa multidão de gregos piedosos e muitas mulheres importantes (At 17.1-9). A igreja era de maioria gentílica, composta principalmente de trabalhadores (1Ts 2.9-12; 2Ts 3.6-12; 2Co 8.2-4). Judeus não crentes, que se contrapunham aos novos devotos a Jesus como o Messias, instigaram um tumulto público. A "oposição" judaica forçou os missionários a fugirem da cidade antes de terminar o seu trabalho. Paulo e sua equipe ficaram lá pouco tempo. Foi a igreja plantada mais rapidamente no Novo Testamento. Foram para a província de Acaia, passando por Atenas, para um longo período em Corinto.

A composição das Cartas aos Tessalonicenses

Foi durante o seu tempo em Corinto que Timóteo fez a visita mencionada em 1 Tessalonicenses 3.1-6, poucos meses depois de saírem de Tessalônica. Os judeus que os expulsaram continuaram a perseguir e dificultar a vida dos crentes lá. Então, Paulo escreveu suas duas cartas para encorajá-los e para esclarecer algumas dúvidas teológicas da comunidade.

1 Tessalonicenses 1.1-10 é uma saudação com ações de graça pelo belíssimo exemplo dos crentes da nova igreja lá. Dizem que um elogio a distância vale mil abraços. Será que nossas igrejas "velhas" hoje mereceriam esses elogios?

Vamos saborear alguns detalhes. Logo de cara, três qualidades saltam do texto: *da operosidade da fé que vocês têm, da dedicação do amor de vocês e da firmeza da esperança que têm em nosso Senhor Jesus Cristo* (v. 3b). Sim, os fundamentos da fé e vivência cristã — fé, amor e esperança (1Ts 5.8; 1Co 13.13).

Operosidade da fé

O que é isso? Fé não é só crer em Jesus? Não. Até os demônios creem. Fé não é só doutrina correta? Não. Jesus ensinou que doutrina se mistura com "tradições humanas", e que não adianta ensiná-la sem praticar. Fé não é rituais religiosos? Não. Deus diz que até vomita os sacrifícios do povo que não pratica a justiça. Tiago mata a charada: fé sem obras é morta (Tg 2.14-17). Fé se mostra em ação. Atos de compaixão, solidariedade, perdão, reconciliação. Diaconia que atende às necessidades materiais. Quem não ficou solidário com as milhares de famílias enlutadas na pandemia não tem fé.

Dedicação do amor

Amor não é só um sentimento, uma emoção? Não. Pessoas são difíceis e imperfeitas. Têm suas vulnerabilidades e fraquezas. Ofendem-nos, ferem, discriminam e ignoram. Amar as pessoas com todas as suas complexidades e contradições requer esforço, paciência, sensibilidade, esvaziamento do próprio ego. Reflita sobre 1 Coríntios 13. Amar não é moleza. Aliás, João nos adverte que quem não ama e perdoa sempre seu irmão ou irmã simplesmente não é capaz de amar a Deus (1Jo 2.11; 5.20s).

Firmeza da esperança

Em uma perseguição contínua ou em uma pandemia que dura dois anos, não é fácil manter firme a esperança. Em um mundo de desigualdades, injustiça, corrupção e violência, onde fica nossa esperança? Podemos ter esperança em um Deus escandaloso que deixou seu único Filho morrer abandonado em uma cruz? Sim! Explicamos. Nossa esperança se baseia na ressurreição de Jesus. Deus venceu a morte! A vida venceu a morte! A justiça venceu a injustiça! O eixo da fé cristã e desta carta (1Ts 2.19; 3.13; 4.13-5.11,23) está em *aguardar dos céus o seu Filho, a quem ele ressuscitou dentre os mortos* (1Ts 1.10a). Vivemos *agora* à luz dessa esperança. Vivemos *já aqui* a vida nova do reino enquanto aguardamos a nova Terra e nosso novo corpo.

Imitação

E vocês se tornaram nossos imitadores e do Senhor (v. 6a; 1Co 4.16; 11.1; Fp 3.17). "Imitadores" (*mimetes*, como na palavra "mímica") de Paulo, Silas e Timóteo. Que responsabilidade a desses líderes, ensinar pelo exemplo! É por isso que a autenticidade, coerência e prática são imprescindíveis. Nada de prepotência ou hipocrisia. Fé em ação. Tudo com amor. Paulo fala de "nosso modo de agir entre vocês, para o próprio bem de vocês". Não só isso: todos e todas devem ser "imitadores" de Cristo, que era "manso e humilde de coração", que "os amava até o fim", que perdoou e restaurou Pedro após sua negação.

Modelo

Imagine a alegria dessa comunidade sofrida ao ler estas palavras: *Assim, vocês se tornaram modelo para todos os crentes na Macedônia e na Acaia. Porque a partir de vocês a palavra do Senhor repercutiu não só na Macedônia e na Acaia, mas a fé que vocês têm em Deus repercutiu em todos os lugares* (vv. 7-8a). Uma igreja nova. Que modelo! Uma igreja com o alvo de *servir o Deus vivo e verdadeiro* (v. 9b). Uma igreja evangelizadora! Uma igreja missional! Uma igreja em movimento. Sem fronteiras. Compromisso total. A perseguição não a fez se esconder dentro de quatro paredes. Fé em ação missional. Um testemunho impactante! Deixando sua marca em toda a região. Que repercussão! Quantas conversões! Quantas vidas transformadas!

Ah! Leitora querida e leitor amado: sua igreja tem esse impacto nas redondezas e longe? Um modelo de fé pública e evangelização integral e respeitosa, de acolhimento e justiça social? Esperamos que sim. É o que desejamos. Portanto, infelizmente, hoje em dia o testemunho das igrejas tem sido maculado por muitos escândalos e hipocrisias, desvio de fundos, exploração de ingênuos, ostentação de líderes. Tem igrejas conhecidas como elitistas, excludentes, discriminadoras, e assim vai.

Que a igreja em Tessalônica nos inspire e motive a sermos modelos coerentes.

Perguntas para reflexão e ação

- Como você entende a "operacionalidade" da sua fé?

- O que falta para você ter "dedicação no amor" com pessoas difíceis?

- Como sua esperança na ressurreição de Cristo afeta sua vida agora?

- Quais são os modelos positivos que você já imitou na vida cristã?

- Como sua igreja tem sido um modelo de testemunho autêntico e coerente na sua região?

5

Uma luta feroz

Irmãos, vocês sabem muito bem que a nossa chegada no meio de vocês não foi em vão. Pelo contrário, apesar de maltratados e insultados em Filipos, como vocês sabem, tivemos ousada confiança em nosso Deus para anunciar a vocês o evangelho de Deus, em meio a muita luta.

Temos mais uma razão para, incessantemente, dar graças a Deus: é que, ao receberem a palavra que de nós ouviram, que é de Deus, vocês a acolheram não como palavra humana, e sim como, em verdade é, a palavra de Deus, a qual está atuando eficazmente em vocês, os que creem. Tanto é assim, irmãos, que vocês se tornaram imitadores das igrejas de Deus que se encontram na Judeia e que estão em Cristo Jesus; porque também vocês sofreram, da parte de seus patrícios, as mesmas coisas que eles, por sua vez, sofreram dos judeus, os quais não somente mataram o Senhor Jesus e os profetas, como também nos perseguiram, não agradam a Deus e são adversários de todos, a ponto de nos impedirem de falar aos gentios para que estes sejam salvos, a fim de encherem sempre a medida de seus pecados. A ira, porém, caiu sobre eles, definitivamente — **1 Tessalonicenses 2.1s; 13-16**

Nem a igreja primitiva, nem Jesus nasceu em um berço de ouro. Nasceram em um caldeirão de agitação, confrontos, constantes críticas e ataques de dentro e de fora. Logo de cara Paulo diz que foram maltratados e insultados em Filipos na última parada antes de Tessalônica. Não foi exagero. Paulo e Silas ficaram na prisão (At 16.16-40). Imagine as condições psicológicas da equipe quando chegaram em Tessalônica! Contudo, eles não desanimaram, se intimidaram ou desistiram. Ergueram a cabeça e seu breve ministério lá foi realizado com *ousada confiança... em meio a muita luta* (v. 2).

... ousada confiança

Um dado significativo: a palavra "ousadia" é usada mais de 30 vezes no Novo Testamento. Sem ousadia o Evangelho não teria avançado. A ousadia marcava a igreja desde seu início (At 4.31). O missiólogo sul-africano David Bosch nos ensinou bem que é preciso ter humilde ousadia. Nada de agressividade ou imposição.

... em meio a muita luta

Nos versos 3 a 9, Paulo defende sua integridade, distancia-se e diferencia-se de pregadores bajuladores, aproveitadores e gananciosos que usam a religião para buscar popularidade e benefícios pessoais. Enfim, charlatões, marqueteiros, enganadores, falsos pregadores, filósofos e mestres. É melhor nos esquecermos de popularidade e prosperidade. São tentações para muitos líderes. O modelo do Novo Testamento é outro, como Jesus e Paulo nos mostram.

E a "luta" valeu a pena. Ao lembrar das dificuldades, das noites em claro e da labuta, Paulo afirma que com o carinho de mãe e pai (vv. 7,11) *proclamamos a vocês o evangelho* (v. 9b). Ele escreve essa carta com muita ternura e afeto.

... a Palavra de Deus

Destaque. Valeu porque, como Paulo já falou, receberam *a palavra com a alegria que vem do Espírito Santo, apesar dos muitos sofrimentos e a partir de vocês a palavra do Senhor repercutiu longe* (1Ts 1.6,8). Agora acrescenta: *vocês acolheram não como palavra humana, e sim como, em verdade é, a palavra de Deus* (1Ts 2.13). Acolher a Palavra é escutar e abraçar a fim de praticar. Outro alerta para quem prega: exige muito estudo e preparo para que não preguemos apenas ideias ou interpretações humanas, e não a essência da Palavra de Deus. Não devemos usar textos isolados, fora do contexto. João Calvino dizia que temos que interpretar cada texto à luz de todos os ensinamentos bíblicos. Por isso, temos que ter uma visão da história missional na Bíblia de Gênesis a Apocalipse.

... atuando eficazmente em vocês (v. 13)

Nas pessoas "que creem", a Palavra tem poder. Penetra (Hb 4.12). Atua. Convence do pecado. Corrige erros. Esclarece dúvidas. Edifica. Capacita. Dá segurança e convicções. Move à ação. Enfim, transforma. Essa eficaz atuação da Palavra se destaca em Atos. É a Palavra de Deus que faz a igreja crescer (At 6.7; 12.24; 19.20). Com os frutos nos tessalonicenses, Paulo exclama: *Sim, vocês são realmente a nossa glória e a nossa alegria!* (v. 20).

... imitadores das igrejas

Em nossa reflexão anterior, falamos que os tessalonicenses imitaram o comportamento de Paulo e sua equipe e de Cristo. Certo. Como imitaram as igrejas da Judeia? Na perseverança no sofrimento da luta de "seus patrícios". Na resiliência nas perseguições e provações. Em um clima de incerteza e tensão, é bom ter modelos. Eles tinham Jesus — o Servo Sofredor de Isaías —, Paulo e as igrejas da Judeia.

... adversários de todos

Quem são esses? Nos versículos 13 a 16, Paulo se refere a alguns judeus e gentios não crentes que, apelando para a "paz e segurança" romanas, perseguiram a igreja tessalonicense (At 17.1-9). Era semelhante à oposição que a igreja sofria na Judeia (2.14). Essa grande "luta" levou ao martírio de alguns crentes lá, aumentando a perturbação. Que desafio para crentes novos!

... a ponto de nos impedirem de falar aos gentios

É importante notar que oposição à missão gentílica *não era uma questão incidental*. Era uma coisa muito séria e profunda. Paulo entendia que tais pessoas estavam afrontando os próprios propósitos de Deus. Em Romanos 1.18ss, disse que aqueles que suprimem a verdade (o Evangelho de salvação em 1.16) certamente sofrerão a ira de Deus (2.1-9)! Em 1 Tessalonicenses 2.16b o aviso é intensificado: a ira de Deus *caiu sobre eles, definitivamente*. Foi essa "oposição" judaica que forçou os missionários a fugirem da cidade antes de terminar seu trabalho. Ele agora continuava na nova comunidade cristã. Há muitos lugares no mundo hoje nos quais a igreja sofre tamanha oposição de outras religiões e regimes.

Nota importante: aqui e em Romanos, como vemos nos Salmos e nos Profetas, Paulo nos ensina que devemos deixar o julgamento dos corações perversos nas mãos do Justo Juiz, que agirá. Não devemos imitar o comportamento e ódio de nossos oponentes, mas dar o nosso exemplo e perseverar na luta a favor do bem e da vida.

Trazendo os acontecimentos daquele contexto para o nosso hoje, cabe nos perguntarmos: Quem são nossos "adversários"? O que nos impede de falar do Evangelho e realizar nossa missão com ousada humildade?

Vivemos na era digital. A Internet, com todas as suas informações e desinformações, redes sociais, games e séries, ocupa cerca de oito horas por dia, ou mais, na vida talvez da maioria da população. A tendência é trocar textos e mensagens com pessoas que pensam e agem como nós, sem consciência crítica.

Consequentemente o ódio às outras pessoas e ideologias se multiplica. A tolerância e o respeito às diferenças evaporam. A convivência e união na diferença se tornam impossíveis. O terrorismo doméstico aparece como tentação e realidade. As relações humanas ficam superficiais e sem compromisso. Estudos mostram, inclusive, menos interação entre casais e menor taxa de natalidade. Essa obsessão por nossos aparelhos digitais facilmente vira escravidão, vício e manipulação: a ditadura das redes sociais. E vem aí a inteligência artificial, com novos desafios e benefícios.

Talvez nossa grande luta seja dominar e usar a Internet pelo bem-estar individual e coletivo, ter discernimento, atitudes éticas e um equilíbrio dinâmico no uso de nosso tempo. Atitudes fundamentais são o respeito, a responsabilidade e o cuidado. Examinar nossas prioridades. Despertar e acordar. Fazer um balanço da vida.

Outra coisa: o clima hoje é anti-institucional, de desconfiança, o que abrange as instituições governamentais, educacionais, científicas e religiosas. É mais fácil ver *lives* que são entretenimento do que integrar e participar de uma comunidade de fé e seguir o caminho da cruz que Jesus propunha (Mt 16.24; Mc 8.34; Lc 9.23). Por causa de abusos de poder, desvios de dinheiro e escândalos sexuais, sobre líderes políticos e religiosos paira um estado de espírito de cinismo. A credibilidade das instituições está em baixa. O populismo aumenta. Evangelizar é complicado nesse ambiente. Verdade seja dita: as igrejas lutam contra *lobos vorazes, que não pouparão o rebanho... até mesmo entre vocês se levantarão homens falando coisas pervertidas para arrastar os discípulos atrás de si* (At 20.29b-30). Pegam e distorcem pedaços da verdade e das Escrituras. Mentiras. Enganos. Adversários de dentro e de fora, nos tempos de Paulo e nos nossos.

Tudo nos chama à sobriedade e vigilância. A busca por integridade e autenticidade. Paulo nos dá um bom modelo para imitar. Quem quiser, siga.

Perguntas para reflexão e ação

- Como a igreja em Tessalônica recebeu o Evangelho (1Ts 2.13-16) e como foi o seu desempenho depois (1Ts 1.2-10)? Quais paralelos e lições você vê para a sua igreja?

- Qual é a "luta" da sua igreja hoje na pregação e vivência do Evangelho?

- Quem são os nossos "adversários" de dentro e de fora que impedem o avanço de nossa missão?

- Como podemos nos livrar da escravidão da Internet?

- Como devemos lidar com o clima de desconfiança e falta de credibilidade em relação às igrejas?

6

Como isso vai terminar? Cremos na ressurreição do corpo

Irmãos, não queremos que vocês ignorem a verdade a respeito dos que dormem, para que não fiquem tristes como os demais, que não têm esperança. Pois, se cremos que Jesus morreu e ressuscitou, assim também Deus, mediante Jesus, trará, na companhia dele, os que dormem.

E, pela palavra do Senhor, ainda lhes declaramos o seguinte: nós, os vivos, os que ficarmos até a vinda do Senhor, de modo nenhum precederemos os que dormem. Porque o Senhor mesmo, dada a sua palavra de ordem, ouvida a voz do arcanjo e ressoada a trombeta de Deus, descerá dos céus, e os mortos em Cristo ressuscitarão primeiro; depois, nós, os vivos, os que ficarmos, seremos arrebatados juntamente com eles, entre nuvens, para o encontro com o Senhor nos ares, e, assim, estaremos para sempre com o Senhor. Portanto, consolem uns aos outros com estas palavras. — **1 Tessalonicenses 4.13-18**

Quem não tem dúvidas teológicas? No nosso pensamento imaginário, visualizemos o momento em que a grande "luta" (1Ts 2.2) que abordamos no capítulo anterior levou ao martírio de alguns crentes, quer proveniente de perseguição, quer não (1Ts 4.13).

Paulo enviou Timóteo para ver como os tessalonicenses estavam (3.1-10) e para dar consolo e mais ensinamentos da fé. Timóteo trouxe boas notícias que alegraram Paulo. Portanto, havia algumas dúvidas, confusão e perturbação na comunidade nova. Paulo sabia que isso podia resultar em pouca preocupação pelos padrões morais, então escreveu essa carta para *suprir o que ainda falta à fé que vocês têm* (3.10) e especialmente para esclarecer a perplexidade que girou em torno de duas perguntas.

A primeira: Qual era a condição dos cristãos e cristãs que haviam morrido e a vantagem ou desvantagem relativa daqueles que permaneceram vivos? Aqueles que haviam permanecido vivos lamentavam que os seus amigos e familiares não veriam o Dia do Senhor e, então, dele não participariam. De fato, alguns questionavam o seu próprio destino também. E agora?

A segunda: Quando ocorrerá a vinda do Senhor?

Adentremos nessas questões. Você já participou de rodas de quem joga conversa fora no fundo do quintal nas longas tardes de verão ou ao redor de uma fogueira?

Vamos por partes. A primeira pergunta trata da ressurreição dos mortos. Quem não tem dúvidas sobre isso? A vida termina na sepultura? A fonte da confusão deles parece ser a falta de ensino anterior a respeito da ressurreição. Paulo ainda não teria elaborado adequadamente esse assunto simplesmente porque não havia passado tempo suficiente entre os crentes de Tessalônica e possivelmente porque ainda não era uma questão urgente naquela igreja.

É um assunto complexo. É preciso mergulhar nos ensinos bíblicos sobre o corpo.

A criação do corpo humano

Para entendermos o fim, voltemos ao começo. Deus está no começo, no meio e no fim. Para entendermos Apocalipse, voltemos para Gênesis. Na criação, vemos que *Deus criou o ser humano à sua imagem... homem e mulher os criou... formou o homem do pó da terra e lhe soprou nas narinas o fôlego de vida, e se tornou um ser vivente* (Gn 1.27; 2.7). Usando a matéria da terra, Deus formou o corpo humano, e com o sopro divino lhe deu uma alma/espírito. Deus nos fez corpos. O corpo humano faz parte da boa criação de Deus. No princípio eram os corpos. No final, também.

A integralidade de corpo e alma

Na mentalidade hebraica não é possível separar corpo e alma. Para sermos plenamente humanos temos que cuidar de ambos. Isso se vê nos Salmos. Por exemplo, *Ó Deus... A minha alma tem sede de ti; meu corpo te almeja...* (63.1). O louvor nos Salmos é com corpo e alma. Jesus crescia integralmente (Lc 2.52). Glorificamos a Deus com nosso corpo (1Co 6.20). Aguarde mais em Coríntios.

A encarnação de Jesus

E o Verbo se fez carne e habitou entre nós, cheio de graça e de verdade, e vimos a sua glória... como do unigênito do Pai (Jo 1.14). Deus transformado em corpo. Deus quis ter um corpo como o nosso. Corpo de Deus entre nós. Jesus nasceu de mulher, alimentou-se, dormia, chorava, cansava, sentia dor, sangrava e morreu.

Tinha um corpo, e com seu espírito se comunicava com o Pai e sentia compaixão pelo povo. O valor que Deus dá ao corpo humano está evidente, e deixou para nossa memória as palavras: *"Isto é o meu corpo, que é dado por vocês"* (Lc 22.19b).

Os sinais do Reino

João chama os milagres de "sinais". Um sinal na estrada dá informações importantes. Quantos dos milagres de Jesus afetam o corpo humano? Quase todos. Doenças, alimentação, até ressurreição. O que esses sinais querem comunicar? Que a vontade de Deus é saúde perfeita, vida plena de corpo e alma, do ser integral. Não é? Só que, por enquanto, vivemos em um mundo de doenças e morte. Nosso dilema: Como combinar a perfeição final com o estágio imperfeito atual?

A ressurreição de Jesus

Jesus venceu a morte! Quando Jesus apareceu aos discípulos, fez questão de que tocassem no seu *corpo*, e ele queria alimentar seu *corpo* (Lc 24.39-43). Tinha um *corpo*, mesmo diferente, e foi embora para o Pai com esse corpo. Jesus disse: *"Muitos virão do Oriente e do Ocidente, do Norte e do Sul e tomarão lugar à mesa no Reino de Deus"* (Lc 13.29; 22.30). Se vai ter mesa e banquete na eternidade, teremos corpos que se alimentam!

O corpo na consumação do Reino

Antes de ressuscitar Lázaro, Jesus disse para Marta:
"Eu sou a ressurreição e a vida. Quem crê em mim, ainda que morra, viverá. E todo o que vive e crê em mim não morrerá eternamente. Você crê nisto?" (Jo 11.25s).

Valdinei Ferreira afirma que a Bíblia é o "Livro da Esperança"[9] e diz que nossa esperança não se resume a esta vida terrena, e que a sepultura não é a nossa morada final. Contudo, o céu também não é a nossa morada eterna. Cristãos não creem em um dualismo eterno entre morte e vida, entre matéria e espírito, entre corpo e alma. A morte já foi derrotada no domingo da ressurreição, e na consumação do Reino a morte será engolida pela vida. O Céu e a Terra não continuarão existindo paralelamente para sempre, mas a vontade de Deus finalmente será feita na Terra assim como ela é feita no Céu. Assim, nossa esperança envolve a continuidade da vida depois da morte física — a vida corporal será a realidade final, definitiva, eterna. Cremos, segundo as Escrituras, na ressurreição do corpo e na chegada de novos Céus e nova Terra (Ap 21.1), onde habita a justiça.

Então, o que aprendemos no belo quadro pintado por Paulo em 1 Tessalonicenses 4?

Primeiro, Cristo virá em companhia daqueles que já morreram e ficaram no céu esperando pelo dia da consumação do Reino, e ressuscitará os corpos deles;

Segundo, aqueles que estiverem vivos por ocasião da vinda de Cristo não passarão pela morte física. Contudo, não terão vantagem alguma em relação aos mortos.

---

[9] Usamos aqui o artigo de Valdinei Ferreira, "A Esperança Missional e o Alvo Final", no apêndice da *Bíblia Missionária de Estudo,* 2ª ed. (Barueri, SP: SBB, 2021.)

Terceiro, ambos serão arrebatados para se encontrar com o Senhor e estar com ele para sempre em uma Terra renovada, sem pecado e morte. Palavras reconfortantes!

Tudo esclarecido? Não. A segunda pergunta tratava da data da vinda de Cristo. Quando virá esse dia? Pergunta viva até hoje. Evidentemente o contexto religioso e político havia criado uma expectativa escatológica (as últimas coisas) tão grande que muitos achavam que a vinda do Senhor estava próxima. Talvez o próprio Paulo tivesse ensinado que um retorno era iminente e que ele pessoalmente esperava participar dele (4.15). Mas isso não é claro. O que é claro é que Paulo havia ensinado aos tessalonicenses anteriormente sobre a esperada vinda de Cristo e a "ira vindoura" de Deus (1.10). Esta última se referia ao julgamento final de Deus que finalizaria a era presente e do qual os cristãos e cristãs seriam resgatados (5.9). Vamos esclarecer essa pergunta no próximo capítulo.

Como tudo isso acontecerá? Veremos mais sobre a esperança desse dia em que a morte morrerá definitivamente e reinará a plenitude de vida quando chegarmos a 1 Coríntios 15. Nosso mergulho será cada vez mais profundo.

Perguntas para reflexão e ação

- Como você entende o que a Bíblia ensina sobre o valor, o cuidado e o uso do corpo humano? O que falta para você viver mais plenamente no seu corpo?

- Você quer glorificar a Deus com seu corpo? Como vai fazer isso?

- Reflita sobre a ressurreição de Cristo e explique qual é o significado dela para você.

- Você crê na ressurreição de nossos corpos na vinda de Cristo? Por que a igreja inclui isso no seu Credo?

- Ao ler este capítulo algumas perguntas ficaram na sua mente? Quais?

7

Quando Cristo virá? Esperança equilibrada

Irmãos, no que se refere aos tempos e às épocas, não há necessidade de que eu lhes escreva. Porque vocês sabem perfeitamente que o Dia do Senhor vem como ladrão à noite. Quando andarem dizendo: "Paz e segurança", eis que lhes sobrevirá repentina destruição, como vêm as dores de parto à mulher que está para dar à luz; e de modo nenhum escaparão.

Mas vocês, irmãos, não estão em trevas, para que esse Dia os apanhe de surpresa como ladrão. Porque vocês todos são filhos da luz e filhos do dia; nós não somos da noite, nem das trevas. Assim, pois, não durmamos como os demais; pelo contrário, vigiemos e sejamos sóbrios... Nós, porém, que somos do dia, sejamos sóbrios, revestindo-nos da couraça da fé e do amor e tomando como capacete a esperança da salvação. Porque Deus não nos destinou para a ira, mas para alcançar a salvação mediante nosso Senhor Jesus Cristo, que morreu por nós para que, quer vigiemos, quer durmamos, vivamos em

união com ele. Portanto, consolem uns aos outros e edifiquem-se mutuamente, como vocês têm feito até agora. —
1 Tessalonicenses 5.1-11

A ressurreição corporal de Jesus antevê a plena realização da criação. O alvo final da missão de Deus será alcançado na segunda vinda de Jesus Cristo. O "tempo da missão" da igreja é entre a sua ascensão e a sua vinda. A conclusão se dará na consumação do Reino de Deus na nova Terra. Jesus inaugurou esse Reino com a sua primeira vinda. Contudo, não recebemos o Reino pronto. Devemos construí-lo, desenvolvê-lo progressivamente na direção dos valores que Jesus ensinou: amor, paz, justiça.

Viver a vida cristã neste mundo no qual há muitíssima maldade é lutar. O joio fica no meio do trigo. Só serão separados e o joio eliminado no julgamento final (Mt 13.24-30). Na missão plantamos o grão de mostarda e esperamos o lento amadurecimento (Mt 13.31s). É uma árdua caminhada. Somos o fermento que vai levedar a massa (Mt 13.33). A perspectiva escatológica supõe um mundo perfectível, aberto e ainda não acabado. Com essa esperança e visão, lutamos e caminhamos. Buscamos graça, integração e equilíbrio dinâmico.

Em 1 Tessalonicenses 4.13 – 5.11, Paulo se opõe diretamente às expectativas radicalizadas daquele tempo, o que muito nos lembra de grupos que especulam e marcam a vinda de Cristo hoje. Ele ficou sabendo da morte de alguns cristãos e cristãs em Tessalônica, provavelmente resultado de perseguição local, e houve algumas especulações nas rodas de conversa de que o Dia do Senhor já havia chegado.

Eis a pergunta: Quando Cristo voltará?

A vinda de Cristo

Vamos direto ao ponto. Ninguém sabe a hora em que isso acontecerá, e ninguém vai saber até que aconteça. Só Deus sabe. Deus é soberano. Deus está no comando. Nada mais. Se alguém disser que sabe, se marcar o dia, pode desconfiar e se afastar. É lorota. Equívoco. Engano. Aquele Dia certamente ainda não chegou, pois, ao invés da tranquilidade e da segurança, a vinda do Senhor seguirá o tumulto e a destruição repentinos e inesperados. Portanto, cabe ao tempo presente a vigilância sóbria, não a licenciosidade distraída.

... a esperança da salvação

A esperança cristã se fundamenta em Deus, e a salvação escatológica, ou seja, na sua plenitude, significará participação com Cristo através da sua morte "por nós" e da sua ressurreição. Por isso, Paulo nos exorta para que *vivamos em união com ele* (v. 10). Ele procura dar uma explicação para ajudar a comunidade a compreender o inexplicável, os mistérios da fé. Em toda essa carta vemos uma preocupação profundamente pastoral de Paulo diante de uma situação específica. Vamos percebendo que Paulo possuía uma facilidade de reformular a tradição cristã de tal modo que se aplicasse acertadamente ao dilema presente.

... vigiemos e sejamos sóbrios

Já que ninguém sabe quando Cristo vai voltar, nossa postura e atitude tem que ser de constante vigilância, atenção, foco, seriedade, cuidado. Enquanto isso, o povo do mundo, das trevas, do mal não está nem aí (v. 6), assim como ficaram os irresponsáveis durante a pandemia do coronavírus. A palavra grega para "sóbrios" pode significar "não ficar embriagado" ou "ficar equilibrado". Em tudo na vida, o equilíbrio é crucial: na alimentação, na atividade física, nas emoções, no trabalho, na disciplina, nas decisões, nas finanças, na fé, na doutrina, na religiosidade, na espiritualidade, na ética, no lazer, nos relacionamentos. Extremos, excessos e radicalizações sempre são perigosos.

Conduta cristã nesse tempo de espera
Encorajamento, consolo e correção

Paulo aborda esse tema com a exortação: *a que admoestem os que vivem de forma desordenada* (1Ts 5.14). Um problema nessa comunidade, composta principalmente por trabalhadores, é que algumas pessoas simplesmente pararam de trabalhar e cruzaram os braços para esperar a vinda de Cristo. Viviam às custas da igreja, dependentes, sem assumir suas responsabilidades, sem iniciativa e disciplina na vida. Esse é um exemplo de falta de equilíbrio. Radicalização. Equilíbrio requer responsabilidade.

Além disso, os líderes tinham que encorajar e consolar os que estavam "desanimados" com as mortes e a demora da vinda de Cristo. Também deviam corrigir e amparar "os fracos". Isso pode se referir a pessoas que, cedendo ao "tentador" (3.5), se envolviam em impurezas sexuais, desrespeitando a dignidade de seu corpo e de outras pessoas. Encorajar é também fazer alguém encarar suas faltas e equívocos. Paulo escreve com afeto e vigor. Ressalte-se, portanto, que *sejam pacientes com todos* (1Ts 5.14b)

Edificação mútua

Paulo sempre formava, instruía e delegava responsabilidades às lideranças múltiplas das comunidades. Portanto, um conceito-chave para ele era a mutualidade. Já deu a instrução: *consolem uns aos outros com estas palavras* (4.18). É só a liderança que edifica a igreja? Claro que não. Missão é uma via de mão dupla. É o princípio do amor solidário, da reciprocidade, de complementariedade. Veremos isso claramente em 1 Coríntios 12 a 14, em Romanos 12 e em Efésios 4. Nesse último, Paulo vai trabalhar detalhadamente a edificação mútua. Sim, nossa responsabilidade na igreja, na convivência é nos edificarmos mutuamente. Isso se faz na partilha, na troca de ideias, no apoio, na correção mútua.

Fazer o bem

Como conviver em um mundo no qual o mal reina? Eis a questão. A ética cristã é um conjunto de atitudes abertas à vida e ao bem. Do apóstolo vem uma palavra certeira para renovar o ânimo: *Tenham cuidado para que ninguém retribua aos outros mal por mal; pelo contrário, procurem sempre o bem uns dos outros e o bem de todos* (1Ts 5.15). É um ensino constante de Paulo (Rm 12.9,17,21; Gl 6.9s; 2Ts 3.13; 1Tm 6.18), como foi de Jesus. Vencer o mal com o bem. Sem vingança. Nada de olho por olho (Mt 5.38; Lc 6.33). Mais tarde, Paulo fala: *Abstenham-se de toda forma de mal* (1Ts 5.22). Além de procurar o bem e fazer o bem a cada pessoa, é imprescindível procurar o bem comum, o bem coletivo, que requer ações públicas.

Orientações litúrgicas

Uma marca da igreja primitiva era o culto. Paulo sempre se preocupava com os procedimentos e ordem nas reuniões de adoração. Por isso, ele termina sua carta com algumas orientações gerais, que servem para a igreja em todos os lugares e tempos, especialmente em tempos difíceis e desanimadores. Para começar: *Estejam sempre alegres* (v. 16). A barra pesa? *Orem sem cessar* (v. 17). A vida missionária de Paulo nunca foi fácil. Ele sofreu muito. Mas a partir de sua própria experiência e exemplo, instruiu: *Em tudo, deem graças, porque esta é a vontade de Deus para vocês em Cristo Jesus* (v. 18). Gratidão. Gratidão. Gratidão.

É preciso entender os próximos três versículos juntos: *Não apaguem o Espírito. Não desprezem as profecias. Examinem todas as coisas, retenham o que é bom* (vv. 19-21). Paulo fala da importância de ouvir sermões e palestras com uma consciência crítica, discernimento e abertura ao Espírito. Deve-se ter cuidado para não rejeitar o que é incômodo ou fora da caixa e, assim, apagar o Espírito que nos corrige e muda. É uma questão de equilíbrio. Não aceitar "palavras proféticas" sem discernimento e não as rejeitar sem um espírito aberto. Cuidado com a "mera letra" sem o Espírito!

Perguntas para reflexão e ação

- Como você entende o problema ao qual Paulo se refere em 1 Tessalonicenses 4.13 – 5.11? Existe hoje? Qual é a resposta dele?

- Quais são as áreas de sua vida que precisam de mais equilíbrio?

- Como ocorre a edificação mútua na sua igreja e na sua vida?

- Quais são as maneiras concretas com que sua igreja e você fazem o bem às pessoas e coletivamente na sua cidade?

- Como você poderia aguçar sua consciência crítica e sua abertura ao Espírito ao ouvir "palavras proféticas" do púlpito?

8

O mistério da maldade e do engano

Irmãos, no que diz respeito à vinda de nosso Senhor Jesus Cristo e à nossa reunião com ele, pedimos que vocês não se deixem demover facilmente de seu modo de pensar, nem fiquem perturbados, quer por espírito, quer por palavra, quer por carta, como se procedesse de nós, dando a entender que o Dia do Senhor já chegou. Ninguém, de modo nenhum, os engane, porque isto não acontecerá sem que primeiro venha a apostasia e seja revelado o homem da iniquidade, o filho da perdição, o qual se opõe e se levanta contra tudo o que se chama Deus ou é objeto de culto, a ponto de assentar-se no santuário de Deus, apresentando-se como se fosse o próprio Deus. Vocês não lembram que eu costumava lhes dizer estas coisas, quando ainda estava com vocês? ...

Porque o mistério da iniquidade já opera... será revelado o iníquo, a quem o Senhor Jesus matará com o sopro de sua boca e destruirá pela manifestação de sua vinda. Ora, o aparecimento do iníquo é segundo a ação de

> *Satanás, com todo poder, sinais e prodígios da mentira, e com todo engano de injustiça aos que estão perecendo, porque não acolheram o amor da verdade para serem salvos... não creram na verdade, mas tiveram prazer na injustiça.* — **2 Tessalonicenses 2.1-12**

Paulo plantava igrejas novas. Ensinava. Formava liderança plural. Era um pastor carinhoso. Corrigia erros. Esclarecia equívocos. Encorajava. Motivava. Essa era uma igreja jovem e ele só conseguiu ficar lá pouco tempo, pois foi expulso pelos judeus.

Quando escreve essa carta juntamente com sua equipe missional, Paulo está feliz e orgulhoso *pois a fé que vocês têm cresce cada vez mais, e o amor que todos vocês têm uns pelos outros vai aumentando* (2Ts 1.3). Crescimento e mutualidade. Ótimo!

Portanto, Paulo se preocupava com a comunidade por causa das perseguições e tribulações (1.4-6) e das dúvidas. Para aliviar a ansiedade e responder a suas perguntas sobre a "vinda de nosso Senhor Jesus Cristo", Paulo conta uma espécie de estória com personagens intrigantes. O texto é denso e cheio de perplexidades. Deixa a gente meio tonta. É. Paulo mergulha fundo.

Primeiro ponto: o "Dia do Senhor" não chegou ainda. Calma.

Você se lembra do sermão profético que Jesus pregou sobre o princípio das dores, a grande tribulação resultante desses movimentos do mal e a vinda do Filho do Homem em Mateus 24.1-31 (veja também Mc 13.3-27; Lc 21.7-28)? Deu a mesma advertência para vigiar porque ninguém sabe quando acontecerá tudo isso (Mt 24.42). Ninguém.

Aprofundando: para compreender a vinda de Cristo, é preciso encarar o mistério do mal no mundo. Pois é: antes de Cristo voltar, virá "a apostasia" e aparecerá "o homem da iniquidade" (2Ts 2.3). Está ficando complicado e tenebroso, parecendo um filme de horror. Interpretações e versões estapafúrdias não faltam, em todos os tempos. Vamos lá procurar entender esse estranho e misterioso mundo do texto. O que é "a apostasia"? Oposição ao Deus vivo e verdadeiro e às coisas de Deus. Onde haverá essa oposição? Fora e dentro da igreja (2Pe 2.1; 1Jo 4.1-3). E quem é "o homem da iniquidade"? Talvez o anticristo. Ninguém sabe. Portanto, em todos os tempos há pessoas que encarnam e praticam a perversidade com prazer. Já pensou?

Liberdade para escolher

Sim, é complexo mesmo, e por isso temos que recordar o ensino da Bíblia sobre o mal. A luta do bem contra o mal começa logo na história da criação em Gênesis 3. Deus cria os seres humanos à sua imagem. Deus é amor. Para amar tem que ter liberdade, respeito e responsabilidade. Amor forçado não é amor. Por isso, Deus deu à criatura humana liberdade para escolher amar e obedecer a Deus ou rejeitar o seu amor. Aparece o "tentador". Sabemos a escolha que a mulher e o homem fizeram, e toda a humanidade. A rebelião contra Deus. Um irmão mata o outro. E assim vai. A tentação de ser deus, o egoísmo, rejeitando Deus e as coisas de Deus. É a tendência, a natureza do ser humano: arrogância, prepotência, violência. E tem consequências. É o caminho da destruição e da morte.

A luta

Portanto, desde Gênesis 3 Deus vai atrás do ser humano corrompido e promete um "descendente" que vai vencer o mal (Gn 3.15). É a linha mestra de toda a história bíblica. O amor salvador. As promessas de um Salvador. E veio Jesus para resgatar a humanidade, para libertar da escravidão do pecado quem o aceitar.

O amor de Deus é insistente e paciente. Sempre chamando, convidando, oferecendo a salvação ao povo pecador. Ele dá liberdade para aceitar ou rejeitar. Entretanto, a rejeição terá consequências gravíssimas. É sobre isso que estamos lendo. Duas escolhas. Duas opções de vida. A rejeição ou oposição, denominada aqui "apostasia", é uma revolta contra Deus e rejeição intencional. Blasfêmias. Ataques. Guerra.

Aqui Paulo fala desse confronto entre Deus e o maligno. O contraste entre as pessoas ímpias e justas é um tema que perpassa toda a Bíblia e toda a história humana. É "o mistério da iniquidade" (2Ts 2.7) que já teve e ainda tem milhares de caras e expressões na saga da raça humana. Muitos filmes e livros mostram esse conflito, essa batalha entre o bem e o mal. É a "ação de Satanás" (v. 9). Sim, esse adversário de Deus existe.

O Vitorioso

Em meio a essa luta, Paulo dá as boas notícias: *o iníquo, a quem o Senhor Jesus matará com o sopro de sua boca e destruirá pela manifestação de sua vinda* (v. 8). Na sua vinda para julgar os que o rejeitaram e salvar os que o aceitaram, Jesus destruirá o mal, a morte, as ilusões, o engano e a mentira. O bem vencerá o mal!

O tentador: o perdedor

É mister parar e refletir sobre "o tentador", já que estamos nessa luta contra o mal dentro de nós, da igreja e do mundo. Deus deu a Satanás permissão para tentar seu servo (Jó 1.12). Não é surpresa que Deus é o soberano sobre tudo (Gn 3.14s). Permite o mal e a tentação, mas acabará com o mal após o julgamento final. Jesus foi tentado pelo diabo (Mt 4.1-11; Mc 1.12s; Lc 4.1-13). Depois disse aos discípulos que *"o príncipe deste mundo já está julgado"* e que *"No mundo, vocês passam por aflições; mas tenham coragem: eu venci o mundo"* (Jo 16.11,33). Se quer ver mais, é só mergulhar em Apocalipse.

As escolhas e a culpa

Então, quando caímos na tentação e pecamos, a culpa é do diabo. Certo? Errado! A culpa é nossa! Aguarde Romanos. A escolha é nossa. Deus nos dá liberdade para escolhermos entre a vida e a morte. A vida é feita de escolhas e suas consequências. Deus providencia a salvação, oferece a vida e nos convida. As pessoas escolhem aceitar ou não esse amor. Pois é: Jesus falou de dois caminhos (Mt 7.13s).

Para explicar esse "mistério", Paulo desvenda a ação do "tentador" e seus adeptos. Agem *com todo poder, sinais e prodígios da mentira, e com todo engano de injustiça... não creram na verdade, mas tiveram prazer na injustiça* (2Ts 2.10,12). Você conhece pessoas assim? "Possuídas" pelo mal, entregues ao mal, que têm prazer no mal, na violência, na corrupção, na injustiça? Repare bem. Suas armas são mentira e engano. Faz sentido quando Paulo diz aos coríntios que *o próprio Satanás se transforma em anjo de luz* (2Co 11.14). Não à toa, Jesus e Paulo nos advertem a vigiar com atenção.

Em outras cartas, usando metáforas de trevas, carne e mundo, Paulo vai nos elucidar mais sobre essa batalha e o tentador. A conferir.

A história de Paulo aqui sobre a vinda de Cristo e o julgamento final nos deu quatro lições.

1. Temos que nos posicionar e escolher aceitar a salvação que Deus oferece, amá-lo e obedecê-lo com todas as implicações.
2. Quem rejeita o caminho da vida que Deus oferece e opta pelo caminho do mal, engano, mentira, ilusão e violência enfrentará o justo julgamento de Deus. Sim, haverá uma prestação de contas. Ninguém escapará. Justiça será feita.
3. O mal existe. Viveremos com a presença do mal dentro de nós, da igreja e do mundo e as tentações e enganos de Satanás até a volta de Cristo.
4. Cristo já venceu o mal na cruz e ressurreição! A vitória da vida é garantida. Aleluia!

Perguntas para reflexão e ação

- Qual é o significado da vinda de Cristo para você?

- Como você encara e lida com o mal dentro e fora de você? Leia 1 João 4.1-6 e 5.3-5. O que você precisa para discernir, reconhecer e vencer o mal, o engano, as mentiras e as ilusões?

- Como sua igreja encara e lida com o mal nas igrejas e na sociedade?

- Como um justo Deus vai lidar com o mal no julgamento final? Como isso impacta sua vida hoje?

9

Confiar, trabalhar e fazer o bem

Finalmente, irmãos, orem por nós, para que a palavra do Senhor se propague e seja glorificada, como aconteceu entre vocês. Orem também para que sejamos livres das pessoas perversas e más; porque a fé não é de todos.

Mas o Senhor é fiel. Ele os fortalecerá e os guardará do Maligno. Temos confiança no Senhor quanto a vocês, de que não só estão praticando as coisas que lhes ordenamos, como também continuarão a fazê-las. Que o Senhor conduza o coração de vocês ao amor de Deus e à perseverança de Cristo.

Irmãos, em nome do nosso Senhor Jesus Cristo, ordenamos a vocês que se afastem de todo irmão que vive de forma desordenada e não segundo a tradição que vocês receberam de nós. Porque vocês mesmos sabem como devem nos imitar, visto que nunca vivemos de forma desordenada quando estivemos entre vocês, nem jamais comemos pão à custa dos outros. Pelo contrário, trabalhamos

> com esforço e fadiga, de noite e de dia, a fim de não sermos pesados a nenhum de vocês... porque tínhamos em vista apresentar a nós mesmos como exemplo, para que vocês nos imitassem. Porque, quando ainda estávamos com vocês, ordenamos isto: "Se alguém não quer trabalhar, também não coma."
>
> Pois, de fato, ouvimos que há entre vocês algumas pessoas que vivem de forma desordenada. Não trabalham, mas se intrometem na vida dos outros. A essas pessoas determinamos e exortamos, no Senhor Jesus Cristo, que, trabalhando tranquilamente, comam o seu próprio pão. Quanto a vocês, irmãos, não se cansem de fazer o bem. — **2 Tessalonicenses 3.1-13**

Vamos continuar mergulhando. Paulo dá mais explicações sobre os assuntos abordados e mais desafios para qualquer comunidade cristã. Está com disposição para agir? Então:

Vamos orar!

Sem dúvida, Paulo era um homem de oração. Orava muito pelas igrejas fundadas e escrevia suas inspiradas orações nas cartas. Boa prática. A igreja começa e acompanha todas as suas ações missionais com oração. Além disso, Paulo tinha o hábito de pedir às igrejas que orassem por ele e sua equipe. Essa prática foi um destaque do Papa Francisco com a juventude no Rio e em todo seu ministério. Humildade, vulnerabilidade e mutualidade. Lição para líderes hoje.

... a palavra do Senhor

Paulo tinha dois pedidos específicos. O primeiro era *que a palavra do Senhor se propague...* (2Ts 3.1). Afinal, Paulo era missionário evangelista. Em Efésios 6.19, ele pede oração *para que, no abrir da minha boca, me seja dada a palavra, para com ousadia tornar conhecido o mistério do evangelho.* Foco na evangelização, na propagação e avanço do Evangelho.

Livres do mal

Segundo pedido: *... e que sejamos livres das pessoas perversas e más* (2Ts 3.2). Talvez estejam *disfarçados de ovelhas, mas por dentro são lobos vorazes* (Mt 7.15; At 20.29). São pessoas que posam de "profetas" para usar e enganar o povo para seu benefício próprio. Sabia que até a própria igreja pode construir mentiras e perpetuar discriminação? Há pessoas simplesmente entregues à perversidade. Mal-intencionadas. Pessoas que fazem o mal e não o bem. Jesus nos ensinou a orar: *"não nos deixes cair em tentação; mas livra-nos do mal"* (Mt 6.13). Não é pouca coisa. Os males nos cercam. É uma luta. Os tessalonicenses viviam em meio à perseguição.

Como?

Bem, por que oramos? Porque somos frágeis e vulneráveis, e dependemos da fidelidade e do poder de Deus para nos fortalecer e guardar do Maligno (2Ts 3.3). É a graça de Deus que nos firma e fortalece, que nos move para praticar continuamente o que aprendemos na Palavra. Paulo mostra aos Efésios que a oração é nossa arma para *apagar todos os dardos inflamados do Maligno* e que devemos orar *em todo tempo no Espírito* (Ef 6.16,18). Nesse espírito de oração mútua, Paulo ainda pede pelos irmãos e irmãs em Tessalônica: *Que o Senhor conduza o coração de vocês ao amor de Deus e à perseverança de Cristo* (2Ts 3.5). É a própria ação de Deus que trabalha em nossos corações para que possamos amá-lo sempre mais. Para completar, é a capacitação de Deus que nos dá força para perseverarmos na luta contra o mal.

Vamos trabalhar!

Paulo volta ao assunto do trabalho e ao problema dos membros da comunidade que pararam de trabalhar para esperar a vinda de Cristo. Parecem os "nem... nem" de hoje, que nem estudam, nem trabalham. Dependentes. Sem responsabilidade. ... *Vive de forma desordenada* (v. 6). Paulo e sua equipe deram um exemplo para ser imitado. Não se aproveitaram ou dependeram de ninguém. Trabalharam *com esforço e fadiga, de noite e de dia* (v. 8) para realizar seu ministério e providenciar o seu próprio sustento. É uma bela prestação de contas.

Não tem jeito: *Se alguém não quer trabalhar, também não coma* (v. 10). E tinha mais: além de se entregarem à preguiça, essas pessoas *se intrometem na vida dos outros* (v. 11). Dizem que o ócio é a oficina do diabo. Com amor exigente, Paulo apela para que deem um jeito, tomem uma iniciativa e trabalhem tranquilamente.

João Calvino falava muito sobre o trabalho cristão. Quando Adão e Eva pecaram, o trabalho não era a maldição. A terra também não era maldita, nem a procriação. É que tanto o trabalho quanto a gravidez e a terra sofreram as malditas consequências da opção humana pela autonomia e rebeldia. Afinal de contas, Deus "trabalhou" na criação e depois "descansou" (Gn 2.1-3). Jesus disse: *"Meu Pai trabalha até agora, e eu trabalho também"* (Jo 5.17). As responsabilidades eram de multiplicar-se, dominar a natureza e dar nomes aos animais. Ou seja, desenvolver e cuidar, um mandato científico. Todo trabalho honesto é digno e abençoado. E suado.

Verdade seja dita: se Paulo falou da "operosidade da fé" (1Ts 1.3), isso leva a crer que a vida cristã e o ministério cristão requerem obras concretas ou trabalho sério, responsável, produtivo e árduo.

Vamos fazer o bem

Finalizando, Paulo reforça: *não se cansem de fazer o bem* (2Ts 3.13; 1Ts 5.15; Gl 6.9; falaremos mais em Rm 13). Lucas relata: *Jesus andou por toda parte, fazendo o bem e curando todos os oprimidos do diabo, porque Deus estava com ele* (At 10.38). Será que a igreja tem essa reputação? Já que há tanta gente fazendo o mal, vamos mostrar que nossa opção de vida é outra. Fazer o bem. Individual e coletivamente. Como pessoas, como igreja, como sociedade, como governo. Podem ser atos e gestos pequenos cotidianos: sorrir, agradecer, reconhecer a dignidade, considerar os sentimentos das pessoas, fazer um telefonema ou visita, perdoar, reconciliar-se, fazer um favor, reciclar lixo, preservar a água, não jogar lixo, usar máscara em uma pandemia, etiqueta no trânsito, silêncio.

Uma parte da missão da igreja é fazer o bem na sua comunidade, na sua cidade e no mundo. Nossos programas de diaconia e ação social visam às necessidades e oportunidades. Através de nosso envolvimento nos governos e nas organizações diversas, procuramos leis e programas que visam a fazer o bem coletivo, à solidariedade com pessoas que estão sofrendo, à urbanização e obras sanitárias nos bairros, a esforços que promovem a paz e combatem a violência, que procuram a reabilitação das pessoas que caíram em mil tentações e ações destrutivas, que capacitam pessoas para obterem empregos, que providenciam moradias seguras e dignas para todas as pessoas.

Um aviso sério

Ações missionais só são aceitáveis a Deus quando praticadas com respeito, humildade, mutualidade e compaixão. É só lembrar do fariseu que orou: *Ó Deus, graças te dou porque não sou como os demais homens... Jejuo duas vezes por semana e dou o dízimo de tudo o que ganho* (Lc 18.11). E do publicano que disse: *Ó Deus, tem pena de mim, que sou pecador!* (Lc 18.13b). Jesus arrematou: *"Digo a vocês que este desceu justificado para a sua casa, e não aquele. Porque todo o que se exalta será humilhado; mas o que se humilha será exaltado"* (Lc 18.14). Fazer o bem com superioridade, arrogância e orgulho é pura hipocrisia. Não é fácil para as pessoas reconhecerem o mal dentro de si. Isso requer uma conversão contínua.

Há solução para o mal? Há esperança? Há vitória? Há outro caminho? Sim! Graças à cruz e à ressurreição. Deus nos dá graça para agir, para participar de sua missão, para assumir nossa responsabilidade, para humildemente fazer o bem. Tudo depende agora de nossa vontade. Vamos orar! Vamos trabalhar! Vamos fazer o bem! É simples assim.

Perguntas para reflexão e ação

- Que desafio essa passagem traz para você? O que vai fazer agora?

- De que mal ou tentação você precisa pedir para Deus o livrar? Se quiser libertação, ore com sinceridade agora.

- Que avaliação você faz do seu atual trabalho profissional, na igreja, na sociedade e na missão de Deus? Como pode melhorar?

- Como você e sua igreja fazem o bem? Faça uma lista e acrescente mais algumas atividades que faltam. Avalie suas atitudes com um senso crítico aguçado.

10

GÁLATAS
Discordância e confusão

Paulo, apóstolo — não da parte de pessoas... mas por Jesus Cristo e por Deus Pai, que o ressuscitou dos mortos —, e todos os irmãos que estão comigo, às igrejas da Galácia...

Estou muito surpreso em ver que vocês estão passando tão depressa daquele que os chamou na graça de Cristo para outro evangelho, o qual, na verdade, não é outro. Porém, há alguns que estão perturbando vocês e querem perverter o evangelho de Cristo...

Mas informo a vocês, irmãos, que o evangelho por mim anunciado não é mensagem humana, porque eu não o recebi de ser humano algum, nem me foi ensinado, mas eu o recebi mediante revelação de Jesus Cristo. — **Gálatas 1.1s,6s,11s**

Catorze anos depois, fui outra vez a Jerusalém com Barnabé... por causa dos falsos irmãos que se haviam

> infiltrado para espreitar a liberdade que temos em Cristo Jesus e nos reduzir à escravidão. A esses não nos submetemos por um instante sequer, para que a verdade do evangelho permanecesse entre vocês.
>
> ... e, quando reconheceram a graça que me foi dada, Tiago, Cefas e João, que eram reputados colunas, estenderam a mim e a Barnabé a mão direita da comunhão, a fim de que nós fôssemos para os gentios... Somente recomendaram que nos lembrássemos dos pobres, o que também me esforcei por fazer. — **Gálatas 2.1,4s,9s**

Por causa da sua ênfase na salvação pela graça de Deus, Gálatas é uma espécie de resumo da teologia de Paulo, que será mais desenvolvida na sua Carta aos Romanos. Foi a redescoberta dos ensinamentos dessas duas cartas que alimentou a teologia da Reforma Protestante. Martinho Lutero se referiu tanto a Gálatas nas suas pregações, ensinamentos e escritos que a carta recebeu o apelido de "livro de Lutero". Outros chamam essa carta de "Magna Carta da Liberdade Cristã".

Gálatas é iminentemente uma carta *missional*, mas também é uma carta *pastoral* e uma carta *teológica*. Ela parte de uma preocupação que nasce do trabalho *missional* de Paulo: Como podem os convertidos gentios ser integrados no povo de Deus?[10] É *pastoral* porque aqui Paulo quer "cuidar" do seu rebanho e, depois de

---

10 Excelente ilustração da diferença entre os termos "missionário" e "missional". O esforço missionário é um esforço para evangelizar (mudar) o mundo. O esforço missional inclui isso, mas vai além desse esforço de mudar o mundo (no caso, o seu contexto local), é um esforço de evangelizar (mudar) *a igreja*, não as doutrinas da igreja, mas as formas de como ela se conduz. Isto é, o esforço missional se pergunta de que maneira o esforço de transformar o mundo, incluindo o seu contexto local, implica transformações *da própria igreja*. No caso de Paulo, o esforço missionário para alcançar os gentios implicava um esforço missional de dispensar a circuncisão como uma das exigências para ser povo de Deus. Ou seja, ele mudou a maneira de conceber a igreja!

muita bronca, encorajá-lo a andar na liberdade e no amor do Espírito. É uma carta *teológica* porque Paulo apresenta argumentos do raciocínio das Escrituras a favor da sua concepção do Evangelho. Galácia não é o nome de uma cidade, mas de uma província romana, uma região da atual Ásia Central, onde Paulo fundou igrejas com Barnabé em Antioquia da Pisídia, Icônio, Listra e Derbe.

Um problemão

O que aconteceu? O livro de Atos nos ajuda a entender. Com Pedro e Cornélio vemos a dificuldade da igreja em incluir os gentios (At 10 – 11). Depois que Paulo e Barnabé estabeleceram essas igrejas na Galácia, "missionários" judaicos cristãos, certamente citando as Escrituras Sagradas, chegavam na região com uma mensagem diferente (At 15.1). Eram "judaizantes" porque insistiram na necessidade, para os gentios cristãos, da circuncisão, da observância do sábado e das leis alimentícias, hábitos baseados nas Escrituras que mantinham a identidade religiosa e étnica dos judeus no meio de um mundo multiétnico e religiosamente pluralista. Era um problema tão grande que resultou no primeiro concílio missionário em Jerusalém para resolvê-lo (At 15.6-29). Houve um "acerto" entre os "pilares" da igreja (Gl 2.1-10). Depois, Paulo e Barnabé comunicaram o acordo sobre a inclusão dos gentios como gentios (At 15.30-34). Mais tarde, Paulo e Silas visitaram essas igrejas (At 16.1-6).

Entretanto, o problema persistiu. Mesmo depois do acerto, Paulo teve que lidar com um decepcionante "desacerto" que envolveu a mesma liderança. Era uma questão de "hipocrisia" (Gl 2.13) por parte de Pedro, que influenciou o até então mentor de Paulo, Barnabé. Aliás, era uma batalha que Paulo enfrentava durante todo o seu ministério. Já vimos que Paulo tinha um vínculo e apreço pela igreja de Jerusalém e sua liderança, *mas não as idolatrava*. Tinha um senso crítico.

Quando Paulo ficou sabendo da confusão na Galácia, ficou muito irritado e escreveu esta carta. A estratégia desses "judaizantes" era questionar a autoridade apostólica de Paulo e o conteúdo e implicações éticas do seu Evangelho. Assim, ele se defende e faz um apelo apaixonado para os gentios cristãos que corriam o perigo de abandonar os princípios da fé e o Evangelho verdadeiro.

... *querem perverter o evangelho de Cristo* (1.7)

Eram pessoas fechadas com um argumento teológico "fechado" distorcendo as Escrituras. Ainda existem, não é? Paulo ousava falar o contrário a partir das Escrituras. Para Paulo, a discordância não era um ponto "menor", como as diferenças teológicas entre presbiterianos, batistas, metodistas e pentecostais. Não, para Paulo, a essência do Evangelho estava em jogo, até mesmo a obra *de Deus* na cruz. A cruz mudava a história e a teologia. A igreja cristã estava diante de uma "encruzilhada": De que lado da cruz ela iria ficar? Do lado anterior, o lado da lei, *ou* do lado posterior, o lado da graça? Precisava decidir e não poderia vacilar.

Jesus falou duramente não só a fariseus e escribas. Falou duro a seus discípulos, também. E Paulo, nessa passagem, segue seus passos.

Uma surpresa alarmante

Quem eram os autores da confusão nas igrejas da Galácia que queriam impor a Lei de Moisés aos gentios? Os "encrenqueiros" não eram gente de fora. Pela defesa de Paulo nos capítulos 1 e 2, tudo indica que eram *de dentro* da igreja de Jerusalém e influenciaram até a sua "alta" liderança (1.8; 2.4,12)! Entendeu? Dentro da igreja, pervertendo o Evangelho! Eram muito diferentes de Paulo. Ele faz questão de contrastar a sua perspectiva da perspectiva deles — Lei *versus* fé, liberdade *versus* escravidão, Evangelho legítimo *versus* evangelho falso e assim por diante. Porém, é preciso ver o que eles tinham em comum e por que o perigo era grave.

Detalhe: tanto Paulo quanto os judaizantes se consideravam líderes legítimos da igreja primitiva e ambos questionavam a legitimidade um do outro. Ambos eram *judeus* cristãos, como ainda era a maioria da igreja cristã naquele momento. Ambos viajaram evangelizando (eles com "outro evangelho"). E ambos eram aparentemente convertidos dos fariseus. Paulo fala claramente dessa sua procedência (Gl 1.13s; Fp 3.5s).

Era uma disputa *interna* entre líderes judeus cristãos dentro da igreja que discordavam sobre a aplicação e relevância da Lei para *todo* o povo de Deus, inclusive os gentios. Estavam arraigados na tradição, na lei. Radicais. Conservadores. Fechados. Discriminadores.

Graça, lei e liberdade

É assustador! Os gálatas estavam abandonando o "cerne" do Evangelho, isto é, a *graça* de Deus. No final dessa defesa, Paulo anuncia categoricamente: *Não anulo a graça de Deus* (2.21a)! Era importante para ele, como ainda é para nós hoje, afirmar que os dois regimentos, da lei e da graça, *não* vigoram simultaneamente. Não se pode viver pelos dois regimentos ao mesmo tempo. Não que a graça *anule* a lei, mas, usando a expressão de Jesus (Mt 4.17) e do próprio apóstolo em outro lugar (Rm 10.4), a graça de Deus em Cristo "completa" a lei. Isto é, a graça leva a lei ao seu destino e propósito final. Por isso, exigir menos que a graça, exigir a lei acaba sendo uma negação da obra de Cristo na cruz. Tal "evangelho" que nega a cruz de Cristo só pode ser anátema, e anátema seja aquele que o promove (Gl 1.6-10)!

Essas são palavras que nos levam a pensar seriamente sobre os nossos "usos e costumes". Temos, como o apóstolo Paulo, que andar com cuidado. Não podemos retroceder para a "lei" — moralismo —, muito menos advogar uma liberdade irrestrita e desgovernada. Como fazê-lo? Onde estão os limites? O equilíbrio? O que estava em jogo é o efeito da cruz de Cristo, a eficácia da graça de Deus e a vida de liberdade do Espírito, tudo o que Paulo vai elaborar mais adiante. A conferir.

O pressuposto indiscutível e de pleno acordo

Antes de terminarmos, vamos reparar em um ponto frequentemente não observado: um ponto que *todos tiveram em comum*. No meio de tanto desentendimento, havia um consenso que *nenhum líder cristão questionava*: o cuidado dos pobres no meio da igreja (2.10). Uma característica essencial do povo de Deus: nessa comunidade alternativa que Deus estava criando, tinha que haver, como havia no Antigo Testamento, uma preocupação especial pelos mais prejudicados. Enfim, a desigualdade berrante simplesmente não tem lugar dentro da igreja. Esse pequeno versículo, quase passageiro, merece a nossa reflexão.

GÁLATAS Discordância e confusão 97

Perguntas para reflexão e ação

- Quem são nossos "inimigos" que hoje "pervertem o Evangelho"?

- *Nós* ainda mantemos parte da Lei mosaica em vigor? Seríamos como os judaizantes ou o nosso caso é diferente? Por quê?

- A liderança da igreja é "intocável"? Quais são os procedimentos bíblicos e legais para a correção de todos os membros, inclusive da liderança?

- Compartilhem casos que revelam a sua própria hipocrisia em algum momento (não vale contar a hipocrisia do outro!).

- Quais são as implicações de Gl 2.10 para a sua igreja?

11

Quem somos nós?

Estamos juntos e juntas? Você quer interpretar corretamente o Antigo Testamento à luz de Jesus Cristo crucificado e ressuscitado? Quer aprender mesmo? O melhor mestre é o apóstolo Paulo. Ele mergulha fundo. Em Gálatas 2.15 – 3.5, no seu combate às interpretações equivocadas de seus oponentes, Paulo chega ao cerne teológico da questão. Preste atenção. É vital.

O que está em jogo não é uma simples diferença de opinião sobre "usos e costumes". Se fosse, poderia concordar em discordar. Paulo entendeu que o que estava em jogo era, primeiro, a *eficácia* da obra do Messias na cruz e, segundo, a *identidade* fundamental de quem crê no Messias. Não são questões secundárias, mas aquilo que define quem nós — todos nós, judeus e gentios — somos no Messias. Essa passagem fala da perda de uma identidade e da reconstrução de outra identidade. O que está em jogo não é meramente uma estratégia de inclusão na igreja. Repito: é uma questão de quem nós somos no Messias. Vamos passo a passo.

O "certo"

A questão por trás da discórdia de Paulo e Pedro (2.11s) acerca da comunhão de mesa de gentios e judeus é simplesmente esta: Quem é o verdadeiro Israel de Deus? Quem é o verdadeiro povo de Deus? Quem é a igreja? São *todas* as pessoas que pertencem ao Messias? Ou são apenas os discípulos do Messias que guardam a Lei (ainda não existia o Novo Testamento quando Paulo escreveu esta carta), judeus e gentios judaizados, sendo as outras pessoas uma espécie de membros de segunda classe? Para Paulo, a resposta certa é que o povo de Deus "certo" é composto por todos e todas que estão "no Messias" (no grego, "em Cristo").

"Em Cristo" há uma única igreja em muitos lugares e tempos. No próximo capítulo, chegaremos à conclusão e implicação do argumento de Paulo: *Assim sendo, não pode haver judeu nem grego; nem escravo nem liberto; nem homem nem mulher; porque todos vocês são um em Cristo Jesus* (3.28). Essa é nossa identidade.

Como alguém pode estar "no" Messias? Explicamos. O pressuposto de Paulo é que Jesus foi o autêntico judeu. A obediência que, em toda a sua história, o povo judaico nunca conseguiu demonstrar (Sl 78), Jesus demonstrou. Logo, para ser o povo legítimo de Deus é necessário um vínculo íntimo e inseparável com o único verdadeiro israelita, o único "Filho" de Deus ímpar, Jesus, homem verdadeiro e Deus verdadeiro.

O "fiel"

O povo de Deus é aquele que está **"em Cristo"**, *o fiel e autêntico ou verdadeiro judeu.* Somos o povo do Messias e sua vida opera dentro da nossa vida. A característica central do Messias é sua "fidelidade amorosa" (nossa tradução de "fé"), e por isso a nossa característica central é nossa resposta agradecida de fé ao Deus que enviou seu Filho para morrer por nós. Esse é o coração da identidade cristã.

Leia e repare bem no ponto central: "em Cristo".

... sabendo, contudo, que o homem não é justificado por obras da lei, e sim mediante a fé em Jesus Cristo, também temos crido em Cristo Jesus, para que fôssemos justificados pela fé em Cristo e não por obras da lei, pois por obras da lei ninguém será justificado (Gálatas 2.16).

Aqui Paulo afirma que mesmo sendo judeu, sua identidade como parte do povo de Deus não se define mais por "fazer o que a Lei manda", pelo esforço de ser "certo" diante de Deus. A nossa identidade se vincula ao Messias pela fé, algo que o Messias fez, e não nós. É claro que a fé é algo que nós exercemos também. Nós "cremos" no Messias. Mas antes disso, a fé, ou melhor, a fidelidade (a mesma palavra no original) é algo que o Messias demonstra e faz. Literalmente, esse versículo diz: "nenhuma pessoa é declarada 'certa', ou 'justa', pelo esforço de guardar a Lei, mas é pela fidelidade de Jesus, o Messias". Jesus foi "fiel" primeiro. Ele é o autêntico judeu. Ele é quem demonstrou "fidelidade", que o levou a ser crucificado, e a crucificação não teve o "aval" da Lei. Logo, a fidelidade do Messias e a Lei não são complementares, como os judaizantes imaginavam. Eram dois regimes opostos.

Entretanto, Paulo nunca afirma que a Lei era ruim. Longe disso, afinal a Lei procede de Deus. Paulo não é contra obras. Aguarde. Veremos mais adiante.

O "caminho"

Paulo, antes de sua conversão na estrada para Damasco, era um fariseu ferrenho (Gl 1.13s) com uma integridade sem igual em relação à Lei (Fp 3.5s). A transformação da vida de Paulo seguiu-se a um encontro com o Jesus *crucificado* ressurreto, o Messias amaldiçoado pela Lei na sua morte, o Servo Sofredor que sentiu no seu corpo humano a dor da morte e do sofrimento da humanidade corrupta. O Deus crucificado. Jesus chorou e sofreu — e o Pai também. Essa morte bastou para nossa redenção. Deus se colocou em nosso lugar, onde merecíamos estar. A igreja nasceu no Calvário quando Jesus disse: *"Está consumado"*, está pago o preço de nosso pecado. O mistério da cruz. Portanto, nosso Salvador foi vindicado e "abençoado" por Deus pela ressurreição. Morreu e venceu.

Prostremo-nos com fé e gratidão ao pé da cruz. Não é a lei que nos justifica. Não é nosso projeto de religiosidade.

Porque eu, mediante a própria lei, morri para a lei, a fim de viver para Deus. Estou crucificado com Cristo; logo, já não sou eu quem vive, mas Cristo vive em mim. E esse viver que agora tenho na carne, vivo pela fé no Filho de Deus, que me amou e se entregou por mim. (Gálatas 2.19s)

Aqui entra a "minha" fé. Seu "eu", disse Paulo (e "nós"), não vive pelo esforço de guardar a Lei porque a Lei acaba só condenando. Não é o caminho. A nossa vivência depende de nossa identidade no Messias, e isso pela fé. Estamos "em Cristo" e Cristo está "em nós".

Que coisa incrível — o sacrifício horrível e inexplicável, o "escândalo da cruz" de Jesus é uma demonstração do tamanho do amor de Deus por mim, pois a sua morte e a sua ressurreição surtiram morte (à velha vida) e ressurreição (para a nova vida) para mim. Por isso, "crucificamos" cada dia nossa velha vida egoísta, orgulhosa, arrogante, maldosa, falsa.

O "não negociável"

Agora, Paulo "fecha" seu argumento bem "fechado". Não há negociação. Não pode vacilar. É Deus quem nos justifica, e só pela "graça". *Não anulo a graça de Deus; pois, se a justiça é mediante a lei, segue-se que Cristo morreu em vão.* (2.21)

Graça é graça. Eu nunca a mereço. Ai de mim se rejeitar tão essencial característica do Deus Eterno! Então, de que lado da cruz ficamos? Do lado da Lei ou do lado da graça? Na verdade, só existe uma resposta aceitável diante de todo o plano de Deus revelado na cruz do Calvário. A posição do apóstolo pode ser resumida assim: graça, graça, graça.

O ponto "cruz"-ial

No capítulo 3 Paulo aperta os parafusos e deixa os gálatas entre o fogo e a frigideira, entre a espada e a parede, entre a cruz e a caldeirinha. Não quer deixar escapatória. Por isso, repete o seu susto e indignação e avança em seus argumentos através de uma reflexão bíblica sobre os propósitos de Deus, desde o início, de criar uma grande família composta por todas as famílias da Terra. Foi a cruz que possibilitou essa nova identidade do povo de Deus (1.4; 2.19). Logo, a cruz é o ponto crucial do argumento de Paulo nesta passagem.

Ó gálatas insensatos! Quem foi que os enfeitiçou? Não foi diante dos olhos de vocês que Jesus Cristo foi exposto como crucificado? Quero apenas saber isto: vocês receberam o Espírito pelas obras da lei ou pela pregação da fé? Será que vocês são tão insensatos que, tendo começado no Espírito, agora querem se aperfeiçoar na carne? (3.1-3)

Paulo pregou a cruz quando anunciou o Evangelho para os gálatas (falaremos mais sobre isso em 1Co 1.18-25). Ele não consegue entender como *agora* eles tinham ficado "enfeitiçados" (v. 1) e "insensatos" (v. 3). Que coisa! Como trocaram o Espírito pela "carne" (da circuncisão) ou por um mero esforço humano (nunca suficiente ou sucedido) de guardar a lei (vv. 2,5)?

O Espírito vem para todo o povo de Deus que está debaixo do regime da fé e não do da Lei. Tem mais. Esse regime da fé era previsto desde a antiguidade, desde o início do povo de Deus no chamado de Abraão.

Perguntas para reflexão e ação

- Após refletir neste capítulo, como você entende sua identidade cristã e a fé?

- Qual é a experiência que você tem de Cristo na sua vida? E qual é a experiência pelo Espírito da sua igreja coletivamente como povo de Deus?

- O que você está crucificando em você todo dia?

- Para você, o que significa "viver em Cristo" e "viver para Deus"?

12

Maturidade na fé e prática

Abraão "creu em Deus, e isso lhe foi atribuído para justiça". Saibam, portanto, que os que têm fé é que são filhos de Abraão. Ora, tendo a Escritura previsto que Deus justificaria os gentios pela fé, preanunciou o evangelho a Abraão, dizendo: "Em você serão abençoados todos os povos". De modo que os que têm fé são abençoados com o crente Abraão. — **Gálatas 3.6-9**

Mas, antes que viesse a fé, estávamos sob a tutela da lei e nela encerrados, para essa fé que, no futuro, haveria de ser revelada. De maneira que a lei se tornou nosso guardião para nos conduzir a Cristo... Mas, agora que veio a fé, já não permanecemos subordinados ao guardião. Pois todos vocês são filhos de Deus mediante a fé em Cristo Jesus; porque todos vocês que foram batizados em Cristo de Cristo se revestiram. Assim sendo, não pode haver judeu nem grego; nem escravo nem liberto; nem homem nem mulher; porque todos vocês são um em Cristo Jesus. E, se vocês são de Cristo, são também descendentes de Abraão e herdeiros segundo a promessa. — **Gálatas 3.23-29**

> ... durante o tempo em que o herdeiro é menor de idade, em nada difere de um escravo... está sob tutores e curadores... Assim, também nós, quando éramos menores, estávamos escravizados aos rudimentos do mundo. Mas, quando chegou a plenitude do tempo, Deus enviou o seu Filho, nascido de mulher, nascido sob a lei, para resgatar os que estavam sob a lei, a fim de que recebêssemos a adoção de filhos. E, porque vocês são filhos, Deus enviou o Espírito de seu Filho ao nosso coração, e esse Espírito clama: "Aba, Pai!" Assim, você já não é mais escravo, porém filho; e, sendo filho, também é herdeiro por Deus. — **Gálatas 4.1-7**

Ficou claro? Nossa identidade "no Messias", "em Cristo", na sua cruz ocorre "pela fé", antes pela *fé* no sentido da *fidelidade de Jesus*. Em consequência disso, vem *nossa fé* em sua pessoa. Podemos ver, com nossos olhos da fé, a vitória da vida sobre a morte no Calvário.

A nossa fé e a bênção missional de Deus

Tudo começou com Abraão, um gentio, o "pai" do povo de Deus. Abraão foi aceito por Deus porque ele *creu* em Deus. Logo, Abraão é o modelo que devemos seguir. Somente aqueles que *creem*, que exercem a *fé* são os legítimos herdeiros de Abraão. A integração dos gentios era prevista desde o início. Paulo chama a promessa que Deus fez a Abraão de "Evangelho". Ou seja, o Evangelho que Paulo anunciou e defende é o *mesmo* que Deus anunciou a Abraão. A promessa feita a Abraão, cumprida no seu "descendente" Jesus, o "Messias" (3.16), se aplicava aos seus descendentes (Gn 15.6), mas também a "todas as famílias da terra" (Gn 12.3). Tudo se junta no "Israel de Deus" (Gl 6.16), que é a "nova humanidade em Cristo" (Ef 2.13-18), a igreja.

Em suma, todos e todas que "têm fé são abençoados com o crente Abraão". São "aceitos" ou "justificados" dessa forma e têm a mesma responsabilidade missional. Um povo é abençoado para abençoar. A eleição não é só um privilégio, é também um chamado para a missão.

E a Lei? Resumindo o argumento de Paulo: a Lei destaca nossa transgressão e condenação. É impossível nos salvarmos pela Lei. Precisamos de um Salvador! Depois que veio aquele que foi fiel e tomou as nossas transgressões e condenação sobre si (Gl 3.13s), a lei é interiorizada e intensificada pela vida vivida cheia do Espírito. Cristo fez algo por nós para que nós sejamos algo. Uma repaginação total. A maldição se torna uma bênção.

Fica ainda a pergunta: Qual é o papel da Lei, então? Por que veio, se Deus não precisava dela na hora de fazer suas promessas? Até esse momento, o leitor e a leitora poderiam esperar uma resposta bem negativa em relação à Lei, mais uma depreciação. Entretanto, Paulo toma muito cuidado de *não* fazer isso. Afinal, Deus é quem deu a Lei. Certamente não pode ser algo ruim. De fato, não é.

Como entender, então? Paulo explica em Gálatas 3.21-29.

A Lei era nossa babá, mas agora não somos mais bebês

Paulo usa a analogia de uma babá ou tutor com a palavra "guardião" (no grego *paidagogos*, 3.24). Ele esclarece que a questão *não é* que a Lei seja *contra* a promessa, mas que tem prazo e função. A Lei teve um papel de "babá", cuidando, vigiando, orientando e disciplinando, dando limites para o povo em um mundo dominado pelo pecado (4.3) até que chegasse a promessa de Deus e a salvação transformadora a partir da cruz do Messias. O regime da Lei diminui o mal em uma sociedade, mas só realça o pecado. O regime da fé traz *vida* porque nasce do Espírito, algo que a Lei, aliás, nenhuma lei, poderia realizar! O papel de babá, entretanto, só faz sentido durante o período da infância e adolescência, não durante o período da maturidade. E aí está o importante, mas limitado lugar da Lei.

Maturidade, unidade e igualdade

Paulo chega ao auge de seu argumento sobre a nossa identidade em Gálatas 3.28. Quando passamos para a maturidade, quando andamos na fé, isto é, na fidelidade que o Messias demonstrou, é que nós podemos seguir justamente porque estamos "no" Messias, não só seguimos o seu exemplo. Sua própria vida e ação acontecem dentro de nós por estarmos "no" Messias e ele estar "em" nós. Paulo quer que entendam bem: estão "em Cristo Jesus" (3.26), "batizados em Cristo" (3.27), "de Cristo se revestiram" (3.27), "são um em Cristo Jesus" (3.28).

... batizados em Cristo, de Cristo se revestiram

Pelas águas de nosso batismo somos envolvidos pela graça de Deus, e a nossa união com Cristo fica patente para todas as pessoas verem. Assim como as águas do batismo nos molham, a nossa união com Cristo nos transforma.

... são um em Cristo Jesus

A Lei não pode ser mais usada para nos dividir em primeira e segunda classe. É muito grave usar a "Lei" para discriminar ou marginalizar alguém. No batismo, *diferentemente da circuncisão só realizada entre judeus machos*, todos e todas podem participar, judeu e *gentio*, homem e *mulher*, livre e *escravo*. O batismo é para toda pessoa que crê em Cristo e mostra que somos *um* e *iguais* por pertencermos a Deus e à sua única família. Obviamente homens continuam sendo homens e mulheres continuam sendo mulheres, com todas as suas características e habilidades. Paulo não está dizendo que a variedade de gênero, etnia ou classe não existe mais, mas que essas diferenças são irrelevantes em termos de pertencermos à família de Deus e à liderança da igreja. Tal irrelevância é o primeiro grande passo para surtir transformações nas atitudes sobre o papel de gênero, etnia e classe dentro da igreja e do mundo.

Em resumo, nós que pertencemos ao Messias, ao Filho, fazemos parte *da família* que Deus prometeu para Abraão (3.29) em pé de igualdade, e isso pela fé, "segundo a promessa", não por meio da Lei.

Liberdade e intimidade

Paulo finalmente chega às suas conclusões (4.1-4). Mesmo (os judeus) fazendo parte da família de Deus ("menores") com o direito de herdar as promessas, enquanto estavam debaixo da Lei, eram "escravos", pois crianças debaixo da tutela das babás precisam obedecer. São as babás que tomam conta das crianças, que ainda não gozam da sua liberdade e da sua plena herança.

A Lei nos dá valiosas orientações e disciplinas. Portanto, pode nos escravizar, nos engessar, nos engaiolar. A Lei não dá liberdade. Pode se tornar um "fardo pesado" de rígidas regras e proibições, sem vida.

Maturidade traz uma mudança radical. Entramos em outra dimensão espiritual. Estamos "no" Messias, e já que o Messias é Filho, estamos *dentro da família de Deus*. Como? Jesus conseguiu essa proeza por fazer algo além da nossa capacidade: ele foi "nascido sob a Lei" e "viveu debaixo da Lei", ou seja, ele cumpriu a Lei por nós. Ele foi *fiel*. Ele foi *fidedigno*. Ele foi *justo* (todas são a mesma palavra no grego, que traduzimos como "fé"). Por *sua* fidelidade, ao adotarmos uma vida de fé, podemos ser achados "em Cristo". Cristo, que é a verdade, nos liberta da escravidão da Lei e do pecado. Em Cristo temos liberdade (Jo 8.36; Gl 5.1). Já veremos mais...

Acabou? De maneira alguma.

Para demonstrarmos que, de fato, somos herdeiros por sermos filhos e filhas de Deus, ele já deu um grande adiantamento da nossa herança... Na pessoa do Espírito Santo, o Espírito do Filho de Deus. Renovados/as, transformados/as, achados/as "no" Messias, o Espírito Santo dentro de nós não se contém. O Espírito em nós exclama "pai, meu pai", "papai". Intimidade com Deus!

Estamos tratando de algo real dentro do nosso íntimo, algo que experimentamos. Não há liberdade maior que a percepção de fazermos parte da família que Deus prometeu desde Abraão. Se somos filhos e filhas, o que poderá nos faltar da parte de Deus?

Perguntas para reflexão e ação

- Quais são os usos errados e positivos da Lei hoje?

- As desigualdades de gênero, cultura e classe existem ainda entre nós na igreja? Por que ou por que não? Como podemos quebrar essas barreiras que o Messias já anulou?

- Nós somos "maduros/as"? Somos fidedignos? Realmente *cremos*? Ou secretamente preferimos uma babá?

- Apesar de a palavra "trindade" aparecer nas discussões cristãs muito depois de Paulo, nesses últimos versículos Paulo demonstra sua perspectiva "trinitária". Tente recapitulá-la.

13

Livres do legalismo religioso

Para a liberdade foi que Cristo nos libertou. Por isso, permaneçam firmes e não se submetam, de novo, a jugo de escravidão.

Eu, Paulo, lhes digo que, se vocês se deixarem circuncidar, Cristo não terá valor nenhum para vocês. De novo, testifico a todo homem que se deixa circuncidar que o mesmo está obrigado a guardar toda a lei. Vocês que procuram justificar-se pela lei estão separados de Cristo; vocês caíram da graça de Deus. Porque nós, pelo Espírito, aguardamos a esperança da justiça que provém da fé. Porque, em Cristo Jesus, nem a circuncisão, nem a incircuncisão têm valor algum, mas a fé que atua pelo amor.

Vocês vinham correndo bem! Quem foi que os impediu de continuar a obedecer à verdade? Esta persuasão não vem daquele que os chamou. Um pouco de fermento leveda toda a massa. Tenho confiança no Senhor de que vocês não mudarão a sua forma de pensar. Mas aquele que está perturbando vocês, seja ele quem for, sofrerá a condenação. — **Gálatas 5.1-10**

Liberdade. O que é a liberdade cristã? Como lidar com as tradições religiosas? Algumas até oriundas de Deus! Qual é o nosso vínculo com o passado? Devemos honrar os nossos antepassados praticando a fé da mesma forma que eles, sendo a nossa fé algo eterno e imutável? Ou será que estamos em uma "jornada" na qual as situações mudam e o plano de Deus chega a novas etapas? Se for o último, como sabemos quando estamos em uma nova etapa? Os nossos antepassados, aqueles que realmente eram seguidores assíduos de Deus, queriam que os imitássemos ou que imitássemos Deus? São a mesma coisa ou poderão ser coisas distintas? Essas são perguntas sobre as quais Paulo continua a tratar. E nós também. Vejamos...

Paulo acabou de falar que quem quer viver debaixo da Lei vive sob os cuidados de uma babá e, assim, vive como escravo (4.1-7). Esclarece que a escravidão dos judeus ultimamente é uma escravidão "aos rudimentos do mundo" (4.3). Depois diz que os gentios também, antes de conhecerem Deus, eram "escravos de deuses" (4.8). Ninguém é absolutamente "dono do seu próprio nariz" no sentido de viver em total independência ou neutralidade espiritual, nem mesmo os judeus vivendo debaixo da Lei. Ou pertencemos ao Messias, e isso via fé, ou estamos debaixo da influência de outros "poderes espirituais".

Então Paulo perguntou: Como podem querer voltar atrás (4.9)? Perderam o juízo? Estão loucos? E qual é a evidência de que queriam voltar atrás? Os gentios estavam considerando a observação de "dias, meses, tempos e anos" (4.10), uma das três marcas da identidade judaica naquela época — a observação de dias e festas religiosas.

Um apelo amigo

Em Gálatas 4.12-16, Paulo faz um apelo pessoal e de intimidade, mostrando o carinho e a preocupação sincera dele, para que abrissem suas mentes e repensassem suas posições.

O que espanta Paulo é que os gálatas não se deram conta, na sua experiência de conversão, da grande mudança que Deus havia realizado e como havia agido neles por meio do Espírito. Enfim, será que não haviam entendido bem o Evangelho de Paulo e os judaizantes[11] agora estavam "fazendo a cabeça" deles? Pior. Evidentemente eles insistiam que as Escrituras confirmavam a perspectiva deles. Paulo simplesmente os refuta com uma interpretação mais abrangente das Escrituras e coloca a interpretação deles de ponta-cabeça (4.21-31).

É uma tremenda lição e advertência para nós. Devemos ter cuidado com quem escutamos. Há muita gente por aí citando parcialmente a Bíblia com interpretações equivocadas, até estapafúrdias! É preciso saber quem ouvir e o que ler. É preciso estudar as Escrituras com muita seriedade e discernimento.

Então Paulo chega a uma contundente conclusão.

Fechando o círculo

O Messias nos libertou para que vivêssemos livres e não nos tornássemos escravos e escravas novamente (5.1)! Após essa afirmação, Paulo segue no capítulo 5 voltando à questão

---

[11] Um "judaizante" é aquele que queria transformar o gentio evangelizado em judeu cristão, isto é, exigir a circuncisão dos machos, a observância das leis alimentícias e do sábado e outros dias e períodos judaicos do ano. Provavelmente os judaizantes era judeus cristãos (mas nem sempre) e do partido dos fariseus. Por isso, Paulo era especialmente habilitado para corrigi-los.

inicial (2.3-5) acerca da exigência por parte dos judaizantes da circuncisão dos gálatas gentios cristãos. Agora ele fala direto sem rodeios e com todas as letras: Prestem atenção! *Eu, Paulo, lhes digo que, se vocês se deixarem circuncidar, Cristo não terá valor nenhum para vocês* (5.2). PONTO! E esses que se deixam ser circuncidados *estão separados de Cristo; ... caíram da graça de Deus* (5.4). PONTO! Interpretação? É realmente preciso? Não há como ser mais claro e enfático do que Paulo aqui. Repetimos: De que lado da cruz você está? Do lado da Lei ou do lado da graça? Do lado da religiosidade rígida legalista ou da fé em ação? Não há outros lados, só dois. Tem que decidir entre um e outro.

Atualizando, uma contextualização: Como nós caímos na religiosidade rígida legalista? Como nos escravizamos? Quando certas disciplinas espirituais, como guardar o domingo, cultos, orações longas, dízimos, caridade e proibições — não fazer isso e aquilo — viram ritos automáticos sem sentido interior. Jesus mostrou que isso gera hipocrisia e orgulho religioso discriminador (Lc 18.11s; Tg 2.1-5) e negligência dos preceitos mais importantes da Lei: a justiça, a misericórdia e a fé (Mt 23.23-2). Ainda disse: *"se você estiver trazendo a sua oferta ao altar e lá se lembrar que o seu irmão tem alguma coisa contra você, deixe diante do altar a sua oferta e vá primeiro reconciliar-se com o seu irmão; e então volte e faça a sua oferta"* (Mt 5.23s). É uma questão de equilíbrio e prioridades certas. Respondendo à pergunta da Samaritana sobre divergências litúrgicas, Jesus esclareceu: *"vem a hora — e já chegou — em que os verdadeiros adoradores adorarão o Pai em espírito e em verdade"* (Jo 4.23a).

Olhando para frente

Paulo fecha esse desafio duro e claro com um dos resumos mais sucintos da fé cristã. Vem em duas parcelas.

Primeiro: *Porque nós, pelo Espírito, aguardamos a esperança da justiça que provém da fé* (Gl 5.5). Em outras palavras: Nós temos *a esperança* de que Deus nos aceitará, e é isso o que *esperamos* pelo poder do Espírito de Deus, que age por meio da nossa fé. Essa afirmação olha para frente, orientada pelo futuro. Nem tudo na vida cristã já foi realizado. Ainda aguardamos a revelação plena da justiça e da salvação de Deus, mas isso fazemos não chupando o dedo passivamente e pensando só no porvir, como se nada tivesse acontecido. Não, esperamos já com um adiantamento, a experiência e ação do Espírito Santo nas nossas vidas, que vivemos pela fé. Assim, aguardamos esperançosos pela manifestação da nova criação na consumação do Reino de Deus enquanto *já aqui* praticamos os valores desse Reino de justiça, paz e amor em nossas vidas e na sociedade.

Vivendo no presente

A segunda "parcela" do resumo diz mais a respeito do presente: *em Cristo Jesus, nem a circuncisão, nem a incircuncisão têm valor algum, mas a fé que atua pelo amor* (v. 6). Vivemos unidos e unidas com Cristo Jesus. O que importa na vida cristã é a fé que age por meio do amor, a fé em ação. Fazemos parte, no aqui e no agora, de uma nova família feita de povos e culturas diferentes, em que essas diferenças não importam, isto é, em que somos um em Cristo. As marcas dessa família não são as regras do que podemos ou não podemos fazer. Não são as marcas da Lei, mas é a marca da fé em ação (Tg 2.26). Unicamente a nossa fé nos marca como povo de Deus, mas não é uma fé sem manifestação alguma. Não, é uma fé *evidenciada* pelo supremo princípio de comportamento, o princípio do amor, algo que Paulo vai elaborar mais para frente.

Ademais, os profetas já criticaram o culto hipócrita e vislumbraram a verdadeira religião. Como Isaías: *Aprendam a fazer o bem; busquem a justiça, repreendam o opressor; garantam o direito dos órfãos, defendam a causa das viúvas* (Is 1.17; Tg 1.26s). E Miqueias: *o que o Senhor pede de você? Que pratique a justiça, ame a misericórdia e ande humildemente com o seu Deus* (Mq 6.8b).

Em suma, *Cristo nos libertou da escravidão do pecado, da Lei e da morte para respeitar, amar e servir a Deus e às pessoas na liberdade do Espírito*. Trata-se, na verdade, de uma síntese dos Dez Mandamentos (Êx 20; Mt 22.36-40; Mc 12.28-31). Aguarde mais.

Antes de terminar seu longo argumento sobre a fé e a graça (3.1-5.12), Paulo deixa uma frase enigmática sobre o perigo de desfazer "o escândalo da cruz" (5.11). Em uma época que busca a prosperidade, conforto, entretenimento e sucesso, não podemos deixar de seguir os passos do Cristo crucificado.

Perguntas para reflexão e ação

- Vimos como Paulo pode ser tanto duro quanto carinhoso com os gálatas. O que podemos aprender disso em termos da correção cristã?

- Dê exemplos de como ficamos presos e presas em armadilhas religiosas hipócritas e negligenciamos o que é mais importante.

- Como o Espírito de Deus age por meio da sua fé?

- Como sua igreja experimenta a unidade de todos e todas que estão "em Cristo"? Como "a fé que atua pelo amor" se expressa dentro e fora de sua igreja?

14

A liberdade guiada pelo amor no Espírito

... foram chamados à liberdade. Mas não usem a liberdade para dar ocasião à carne; pelo contrário, sejam servos uns dos outros, pelo amor. Porque toda a lei se cumpre em um só preceito, a saber: "Ame o seu próximo como a você mesmo." Mas, se vocês ficam mordendo e devorando uns aos outros, tenham cuidado para que não sejam mutuamente destruídos.

... vivam no Espírito e vocês jamais satisfarão os desejos da carne. Porque a carne luta contra o Espírito, e o Espírito luta contra a carne, porque são opostos entre si, para que vocês não façam o que querem. Mas, se são guiados pelo Espírito, vocês não estão debaixo da lei.

Ora, as obras da carne são conhecidas e são: imoralidade sexual, impureza, libertinagem, idolatria, feitiçarias, inimizades, rixas, ciúmes, iras, discórdias, divisões, facções, invejas, bebedeiras, orgias e coisas semelhantes...

> Declaro a vocês... que os que praticam tais coisas não herdarão o Reino de Deus.
>
> Mas o fruto do Espírito é: amor, alegria, paz, longanimidade, benignidade, bondade, fidelidade, mansidão, domínio próprio... E os que são de Cristo Jesus crucificaram a carne, com as suas paixões e os seus desejos.
>
> Se vivemos no Espírito, andemos também no Espírito. Não nos deixemos possuir de vanglória, provocando uns aos outros, tendo inveja uns dos outros. — **Gálatas 5.12-26**

Paulo volta a dizer que o chamado dos gálatas era para a liberdade e não para a escravidão. Aqui a escravidão à qual se refere não é a vida regida pela Lei, mas é a vida dominada pela nossa "natureza humana", isto é, a inclinação para fazer o mal.

Parem de brigar!

A princípio, Paulo está dizendo que a liberdade que os gálatas têm "no" Messias não dá licença para se comportarem da maneira que quiserem. É liberdade com responsabilidade social.

A liberdade que temos em Cristo não é liberdade apenas *de certas coisas*. É uma liberdade *para um jeito de viver*. Isto é, não se deve conceber a liberdade cristã tanto em termos *apenas* negativos ("sou livre para *não fazer* isto e aquilo") quanto em termos *apenas* positivos ("sou livre *para fazer* isto e aquilo"). Como sabemos o que podemos e devemos fazer?

Paulo simplesmente cita o mandamento central do comportamento cristão: *Ame o seu próximo como você ama a você mesmo* (v. 14; Lv 19.18; Mc 12.31). Somos livres para *servir* uns aos outros e outras (5.13). Para a família da fé, o propósito da liberdade é nos dar a possibilidade de *amar* e *servir* mutuamente e não nos destruir mutuamente com críticas, rixas e brigas.

Lembramos que Paulo está combatendo brigas entre os cristãos gentios gálatas, talvez por causa das diferenças entre os seguidores dos judaizantes e os ainda fiéis a ele, alimentadas por sentimentos de superioridade de conhecimento ou superioridade de lugar dentro do povo de Deus. Paulo pede um cessar fogo, e não só isso. Ele afirma que a mesma fé que nos une ao Messias nos une também uns e umas aos outros, e deverá caracterizar a nossa convivência.

Uma luta contra o mal

Lutamos contra as "forças do mal" ou as "obras e desejos da carne" em três frentes: no mundo, nas igrejas e em cada um e cada uma de nós. Primeiro, contra "os poderes espirituais que dominam o mundo" (1Ts 2; Gl 4.3 — NTLH)[12]. Segundo, contra o mal dentro das igrejas e entre as igrejas, como *inimizades, rixas, ciúmes, iras, discórdias, divisões, facções* (Gl 5.20). Aliás, muitas igrejas estão cativas aos valores, ambições e comportamentos do mundo. Terceiro, há uma luta no *interior* de cada pessoa de fé, uma luta que experimentamos constantemente: *a carne luta contra o Espírito, e o Espírito luta contra a carne* (v. 17a). E o resultado? Acabamos fazendo exatamente o que não queremos. Nem Paulo era isento (Rm 7.18-20).

Nessa luta é impossível reconciliar dois modos de agir, *as obras da carne* e *o fruto do Espírito*. Esses dois são inimigos, são

---

12 Veja Efésios 2.2; 3.10; 6.12; Colossenses 2.15; 1 Coríntios 2.6,15,26-28; e Filipenses 2.9-11.

opostos. É uma escolha nossa: *dar ocasião à carne* ou *crucificar a carne* (5.13,24; 2.19). E...

Viver no Espírito (5.16,25)

Porém, da mesma forma que não conseguimos a justificação ou salvação sozinhos, não conseguimos vitória nessa luta. Ser guiado pelo Espírito é viver no Espírito e, assim, andar no poder de repreender o desejo da "carne", ou da natureza humana, e se conformar cada vez mais à semelhança de Cristo (2Co 3.18). Estar debaixo da lei é conhecer a censura da natureza humana, mas sem o poder de reprimi-la. Deixar-se guiar pelo Espírito traz libertação do desejo da carne, da escravidão da Lei e do poder do pecado (Rm 6.14). Isso é a verdadeira *graça* de Deus agindo pelo Espírito. *Cristo vive em mim* (2.20). Esta maior dádiva de Deus, o seu Espírito, nos capacita para vivermos "no" Messias como filhas e filhos "adotados" de Deus (Rm 8.14s), pertencentes à sua grande e preciosa família.

As obras da carne

Paulo elabora o contraste entre a "carne" e o "Espírito" com exemplos. Ele faz essas listas de "virtudes e vícios" também nas suas outras cartas (1Ts 4.3-6; 1Co 5.9-13; 6.9-11; 2Co 12.20s; Rm 1.29-31; 13.13; Cl 3.5-8; Ef 4.17-19; 5.3-5). A lista serve para mostrar quanto os valores e comportamentos do mundo ainda se manifestam no meio do povo de Deus e como isso não deveria ser assim. São estes:

1. imoralidade sexual (Mt 5.32; 19.9; At 15.20,29; 21.25; 1Co 5.1; 6.18; 1Ts 4.3);

2. impureza (Pv 6.16);

3. ações indecentes;

4. adoração de ídolos (1Co 10.14; Cl 3.5);

5. feitiçarias (literalmente "drogas", mas aqui é para envenenar ou enfeitiçar: Êx 7.11; Ap 9.21; 18.23; 21.8; 22.15);

6. inimizades (Mt 5.44; Lc 6.27,35; Rm 12.20; cf. Pv 25.21);

7. brigas (1Co 1.11; 3.3);

8. ciúmes (Rm 13.13; 1Co 3.3; 2Co 12.20);

9. acessos de raiva (2Co 12.20; Ef 4.31; Cl 3.8);

10. ambição egoísta (2Co 12.20; Rm 2.8; Fp 1.17; 2.3; Tg 3.14,16);

11. desunião (Rm 16.17);

12. divisões (1Co 11.19; 3.4);

13. invejas (Mt 20.15);

14. bebedeiras (1Co 5.11; 6.10; 1Ts 5.7);

15. farras (Rm 13.13; 1Pe 4.3) e outras parecidas com essas.

Essa lista não é exaustiva. Certamente Paulo inclui inimizade, brigas, ciúmes, acessos de raiva, ambições egoístas, divisões e invejas devido à presença desses vícios nas brigas dentro das igrejas da Galácia. Hoje não mudou. Para Paulo, a "carne" não depende tanto de sensualidade quanto da rebelião religiosa na forma de orgulho espiritual (Rm 3.27; 1Co 5.6; cf. Tg 4.16). O aviso aos praticantes desses vícios é escatológico e severo: *não herdarão o Reino de Deus* (v. 21b). Paulo e Barnabé avisaram aos gálatas que era preciso passar por muitos sofrimentos para poder entrar no Reino de Deus (At 14.22). Os gálatas, pela fé e pelo Espírito, participam da família do Messias e da inauguração desse Reino que só se manifestará plenamente no futuro. Permanecer "no" Messias é andar segundo o Espírito, o oposto de praticar as "obras da carne". Por isso, é preciso outro jeito de viver, um viver pelo Espírito evidenciado pelo fruto do Espírito.

O fruto do Espírito

São nove as características ou "graças" da vida vivida no Espírito. Não são pré-requisitos da nossa aceitação por Deus, mas manifestações espontâneas dela (Mt 7.16-20; Lc 6.43-45). As nove andam juntas, não como os *dons* do Espírito (Rm 12.6-8; 1Co 12.8-11). Onde há o amor, as outras virtudes aparecem logo em seguida, e o amor é a cola que une todas em perfeita harmonia (Cl 3.14). Quando o fruto do Espírito se manifesta na vida da pessoa que está "no" Messias, estamos em uma esfera na qual a Lei não tem nada a ver (Gl 5.23; 1Tm 1.9). É a esfera somente do Espírito Santo, a nossa maior dádiva. Que fruto é esse? Vejamos...

1. amor (1Co 13; Rm 5.5; 2Co 5.14s,18-20);

2. alegria (Rm 5.2,11; 14.17; 15.13);

3. paz (Mt 5.9; Fp 4.7; Cl 3.15; Pv 6.19; 1Co 7.15; 14.33; Ef 2.14-18; 4.3; Rm 12.18);

4. paciência (o oposto de pavio curto, ou longanimidade, uma qualidade de Deus, literalmente "lento em irar-se": Lc 18.7; 1Co 13.4; Ef 4.2; Cl 1.11; 3.12; 1Ts 5.14; Pv 19.11);

5. delicadeza (Sl 34.8; 136.1; 1Pe 2.3; Lc 6.35; Rm 2.4; 11.22; 2Sm 9.3; Ef 4.32; 1Co 13.4);

6. bondade (Mt 20.15);

7. fidelidade (1Co 4.2; 12.9; Rm 12.3,6; 2Co 6.15; Lc 12.42; Mt 25.14-30; Lc 19.11-27; 16.10);

8. humildade (Nm 12.3; Mt 11.29; cf. Mc 3.5; Sl 37.11; cf. Mt 5.5; Tt 3.2);

9. domínio próprio (1Co 9.25; 7.9; cf. 1Tm 4.1-5).

E agora, o que fazer? As pessoas que creem e assim estão "no" Messias, "em Cristo", dia a dia tomam a sua cruz, ou seja, "crucificam" os desejos da sua natureza humana, a sua "carne" (Rm 6.5-14), e se entregam ao Espírito para serem controladas e guiadas por ele. Assim, não há como se orgulhar ou sentir superioridade, pois o nosso viver provém não de nós (ou da Lei), mas procede, em tudo, de Deus.

Perguntas para reflexão e ação

- Dê exemplos contemporâneos de cada uma das obras da carne e dos frutos do Espírito dentro e fora da igreja.

- Contra quais das obras da carne você luta? Quer crucificá-las? Aja!

- Como viver, andar e ser guiado/a pelo Espírito?

15

A ajuda mútua na família cristã

Irmãos, se alguém for surpreendido em alguma falta, vocês, que são espirituais, restaurem essa pessoa com espírito de brandura. E que cada um tenha cuidado para que não seja também tentado. Levem as cargas uns dos outros e, assim, estarão cumprindo a lei de Cristo. Porque, se alguém julga ser alguma coisa, não sendo nada, engana a si mesmo. Mas que cada um examine o seu próprio modo de agir...

Mas aquele que está sendo instruído na palavra compartilhe todas as coisas boas com aquele que o instrui.

Não se enganem: de Deus não se zomba. Pois aquilo que a pessoa semear, isso também colherá. Quem semeia para a sua própria carne, da carne colherá corrupção; mas quem semeia para o Espírito, do Espírito colherá vida eterna. E não nos cansemos de fazer o bem, porque no tempo certo faremos a colheita, se não desanimarmos. Por isso, enquanto tivermos oportunidade, façamos o bem a todos, mas principalmente aos da família da fé.
— Gálatas 6.1-10

Paulo já pediu um cessar fogo entre os grupos divergentes na igreja porque suas brigas mostram a "carne", e não a nova vida de andar pelo Espírito Santo. As pessoas que creem e estão "no" Espírito são controladas pelo Espírito e não têm motivo para se orgulhar ou se comportar como se fossem superiores. Em Cristo, *todos e todas são iguais*. As categorias que antes faziam distinção, como de gênero, classe ou etnia, não fazem mais diferença alguma dentro da nova família que Deus está criando (Gl 3.26-29). Só importa viver a vida conforme o padrão do crucificado, e não buscando uma posição privilegiada.

Ajudem uns aos outros e outras

Como *família*, precisamos cuidar uns dos outros. Por exemplo, devemos ajudar o irmão ou a irmã que for "surpreendido em alguma falta" (v. 1). Paulo *não* especifica *como* a pessoa se encontrou na situação ou qual foi a natureza da falta. O que importa muito mais que isso é que a igreja esteja pronta para reabilitar o ofensor, e não o tratar como um pária, um excluído.

Paulo deve estar falando de alguma ocorrência isolada, e não de um comportamento que traz descrédito para a comunidade (1Co 5.5) ou que requer suspensão temporária da comunhão (1Co 5.11; Rm 16.17). A reabilitação deve ser realizada por pessoas "espirituais", isto é, maduras na fé que aprenderam a andar no Espírito. Seu trato do caso deve ser "com espírito de brandura", ou seja, com os frutos do Espírito — amor, paciência e mansidão — e *nunca* com ar de superioridade, mas com a humildade e todo o cuidado de não cair na mesma transgressão. São pessoas cuidando e restaurando membros equivocados e machucados, uma comunidade terapêutica de correção mútua.

É possível que Paulo dirija seu apelo de ajudar para o setor da igreja que estava se julgando superior e se inclinava para a posição dos judaizantes, pois ele disse: *Levem as cargas uns dos outros e, assim, estarão cumprindo a lei de Cristo* (v. 2). É quase uma ironia, mas só quase. Não está advogando uma *nova lei* de Cristo em contraposição à Lei de Moisés, mas simplesmente dizendo que entre nossos "deveres", a ajuda mútua encabeça a lista. É a "lei do amor mútuo". Essa não é a hora de inflacionar o conceito de si mesmo. A correção de um ofensor exige humildade. Não estamos fazendo nada de especial quando socorremos um irmão ou irmã. É apenas o nosso dever. Pois é, da mesma forma como Cristo carregou o nosso fardo na cruz, nós devemos carregar o fardo do nosso irmão e irmã, e isso sem arrogância.

Ajuda financeira

De repente, no versículo 6, Paulo abre o leque e estende a prática da solidariedade para a ajuda financeira da comunidade para "aquele que o instrui". Sabemos que hoje nem todas as pessoas têm a mesma facilidade de pedir contribuições financeiras, mesmo que seja para boas causas. Talvez isso se deva a tanto abuso, inclusive e especialmente dentro da igreja. Não era diferente para Paulo. Ele apela para a generosidade dos gálatas no sustento do trabalho da igreja. Contudo, como ele vai fazer em 2 Coríntios 8 e 9, Paulo trata do assunto sem mencionar a palavra "dinheiro" ou "oferta", muito menos fazendo um apelo para que os gálatas fossem "dizimistas"[13], como é tão frequente hoje. Paulo usa uma linguagem mais genérica para ser mais discreto e, de certo modo, mais abrangente (nunca a mordomia cristã se resume somente a dinheiro).

Semear

E qual é a linguagem que se usa quando a linguagem da Lei cede lugar ao regime do Espírito? Paulo usa a linguagem agrícola da semeadura e da colheita para essas comunidades rurais. É uma linguagem bem própria para o regime do Espírito, afinal, nenhuma das "nossas" posses é nossa para "devolvermos" uma parte (10%). Todas as posses são de Deus, que nos encarrega de *investir* ou de *semear*. Isso muda a maneira como lidamos com os bens que estão nas nossas mãos. Primeiro, não são nossos. Segundo, estão nas nossas mãos *não para acumular*. Finalmente, *o que semeamos, colheremos!* Esse é o maior incentivo para semear o *máximo possível* com o *máximo cuidado possível*, e é esse o ponto principal dessa passagem.

Sim, Paulo está dizendo que os fiéis deverão sustentar financeiramente aqueles que ministram a Palavra (v. 6; Lc 10.7; 1Tm 5.18; Mt 10.10; 1Co 9.14). Essa é a sua clara instrução, mesmo que ele próprio dispense tal sustento (2Ts 3.6-13; 2Co 11.7-12; Fp 4.10-20).

---

13 Falar da continuação do vigor do dízimo dentro do regime do Messias e do Espírito seria uma contradição para Paulo. Ele se esforçou muitas vezes nessa carta para dizer não só que os gálatas não estão debaixo da Lei, mas que, ao se colocarem debaixo da Lei, estariam negando a cruz. A igreja primitiva nunca advogou a continuação da lei do dízimo. Em vez disso, advoga a disposição de todas as nossas posses em prol do avanço do Reino, seguindo a instrução clara de Jesus para os seus discípulos (Mc 12.42-44; Lc 21.1-4; Mc 10.17-25; Mt 19.16-22; Lc 18.18-23). Jesus fez o único apelo que existe no Novo Testamento para continuar a prática do dízimo (Mt 23.23; Lc 11.42), e para muitos hoje isso é o suficiente para promover a sua continuação. Entretanto, Jesus fez esse apelo para os fariseus que queriam viver debaixo do regime da Lei e não ser discípulos de Jesus. Ele disse que seus discípulos não deveriam seguir o exemplo dos mestres da Lei e dos fariseus (Mt 23.3; Lc 12.1).

Então, Paulo parece ampliar essa ideia de semear e colher e recorda a instrução do capítulo 5. A comunidade da fé não deverá semear "na carne", isto é, desenvolver as "obras da carne" (5.19-21), especialmente as obras carnais de briga e divisão, problema das igrejas na Galácia, porque tudo que a "carne" semeia terá as piores consequências. O Espírito e a carne são regimes irreconciliáveis.

Responsabilidade e esforço humanos

Devemos semear no Espírito, isto é, cultivar o fruto do Espírito nas nossas vidas, porque isso leva a uma vida completa (v. 8; Rm 6.2-23)! Mais: a vida que temos "no" Messias não é simplesmente dada por Deus *no sentido de que não precisamos fazer mais nada*. Isso seria uma péssima aplicação da doutrina da "soberania de Deus" ou da "perseverança dos santos". Não, o princípio da semeadura e da colheita é o princípio da responsabilidade e esforço humanos. É claro que o Espírito é dádiva de Deus. É claro que precisamos *desenvolver e cultivar* a nossa fé. Esses não são opostos, mas complementares, mesmo que de difícil lógica.

Fazer o bem sempre

É um tema recorrente em Paulo. Veja: *E não nos cansemos de fazer o bem, porque no tempo certo faremos a colheita, se não desanimarmos* (Gl 6.9; 1Ts 3.5,13; 5.23; 1Co 15.50,58; 16.13; Fp 1.27s; 2.15s; 4.1). Nossa responsabilidade é "fazer o bem" a todas as pessoas, "mas principalmente aos da família (*oíkos*) da fé" (Gl 6.10; Ef 2.19).

A marca da cruz

Paulo termina a carta com mais uma advertência contra a imposição da circuncisão. Depois, esta preciosidade: *Mas longe de mim gloriar-me, senão na cruz de nosso Senhor Jesus Cristo, pela qual o mundo está crucificado para mim, e eu estou crucificado para o mundo* (v. 14). Não é fácil hoje entender o quanto a cruz era uma ofensa no século 1. O cidadão romano nem pronunciava a palavra *crux*. Para o judeu, essa forma de morte transformava a vítima em um profanado ou maldito. Mas Paulo, cidadão romano de nascimento e judeu por criação, invertia o pudor popular e enxergava a cruz como a única coisa na vida de que valia a pena se orgulhar. Já veremos que no seu pensamento a cruz era tão central que a sua mensagem era concebida como "a palavra da cruz" (1Co 1.18).

Nunca paremos de contemplar a rude cruz.

Perguntas para reflexão e ação

- Como ocorre a ajuda e correção mútuas e o compartilhamento das cargas na sua igreja?

- Dê exemplos do esforço dos membros de sua igreja para fazer o bem na caminhada da fé e na vida comunitária.

- Como a linguagem de semear e colher muda a sua perspectiva sobre os bens materiais nas mãos de cada um/a e os talentos de cada um/a?

- Qual é a importância da cruz na sua fé e no seu comportamento?

16

1 e 2 CORÍNTIOS
Divisões e brigas

Irmãos, pelo nome de nosso Senhor Jesus Cristo, peço-lhes que todos estejam de acordo naquilo que falam e que não haja divisões entre vocês; pelo contrário, que vocês sejam unidos no mesmo modo de pensar e num mesmo propósito. Pois, meus irmãos, fui informado a respeito de vocês por alguns membros da casa de Cloe de que há brigas entre vocês. Refiro-me ao fato de cada um de vocês dizer: "Eu sou de Paulo", "Eu sou de Apolo", "Eu sou de Cefas", "Eu sou de Cristo". Será que Cristo está dividido? Será que Paulo foi crucificado por vocês ou será que vocês foram batizados em nome de Paulo? Dou graças a Deus por não ter batizado nenhum de vocês, exceto... Afinal, Cristo não me enviou para batizar, mas para pregar o evangelho, não com sabedoria de palavra, para que não se anule a cruz de Cristo. — **1 Coríntios 1.10-14,17**

Certamente a palavra da cruz é loucura para os que se perdem, mas para nós, que somos salvos, ela é poder de Deus... Porque os judeus pedem sinais e os gregos buscam

> sabedoria, mas nós pregamos o Cristo crucificado, escândalo para os judeus, loucura para os gentios. Mas, para os que foram chamados, tanto judeus como gregos, Cristo é o poder de Deus e a sabedoria de Deus. Porque a loucura de Deus é mais sábia do que a sabedoria humana, e a fraqueza de Deus é mais forte do que a força humana. — **1 Coríntios 1.18,22-25**

Na era de redes sociais e hackers, é difícil confiar que roupa suja só se lava em casa. Certamente a comunidade missional em Corinto preferiria que sua "roupa suja" não estivesse circulando no livro mais lido do mundo dois milênios depois. De fato, estamos lendo a correspondência de outras pessoas. Afinal, na providência de Deus, através dessas palavras pastorais do apóstolo Paulo a essa igreja, ouvimos a palavra divina para nós e descobrimos que temos muitos dos mesmos problemas e perguntas.

Porém, antes de mergulharmos no texto, é preciso conhecer o contexto histórico para entendermos sem equívocos. Para discernir *como* Deus fala conosco através dessa carta antiga, temos que comparar nosso mundo com aquele mundo e fazer analogias e contextualizações. Interpretação bíblica não é brincadeira.

A cidade de Corinto

Foi destruída pelos romanos em 147 a. C. por causa da sua revolta contra o império. Em 44 a. C., Júlio César reconstruiu a cidade e a transformou em colônia romana. Localizada em um pequeno estreito entre o mar Adriático e o mar Egeu, Corinto, capital da Acaia, era a cidade mais importante na via terrestre que ligava o norte ao sul e possuía uma estrada para arrastar navios do porto oeste para o leste.

Esse grande e próspero centro urbano com muita diversidade étnica, cultural e religiosa hospedava os Jogos Ístmicos, o segundo evento esportivo mais importante depois das Olimpíadas. Era uma cidade de marinheiros, com um templo para o seu padroeiro e o centro de culto à deusa Afrodite. Com seus cultos imorais e má reputação, surgiu a palavra "corintizar", que significava cometer imoralidade.

A fundação da igreja de Corinto

Antes de fundar a igreja (At 18.1-18), Paulo foi expulso da Macedônia e não foi bem recebido em Atenas. Por isso, decerto desejava realizar um bom trabalho em Corinto. Começando em uma sinagoga, ele desenvolveu, com a ajuda de Priscila e Áquila, uma igreja principalmente gentílica (12.2). Nela havia uma diversidade socioeconômica e algumas pessoas importantes, como Erasto (Rm 16.23), mas a maioria era simples (1.26), dividida em grupos pequenos, espalhados pela cidade, que se juntavam para uma celebração (11.18; 14.26). Paulo ficou lá 18 meses (At 18.9-11) e, como era de sua prática missional, saiu e a entregou à liderança local. Era uma igreja grande e viva, mas que dava muita dor de cabeça ao apóstolo, tanto que escreveu pelo menos quatro cartas para ela.

A ocasião de 1 Coríntios

Esta é, pelo menos, a segunda carta que Paulo escreveu à igreja, porque ele menciona outra carta anterior (5.9). Ele escreveu da cidade de Éfeso, onde queria ficar um pouco antes de visitar Corinto de novo (14.19-21; 16.5-9). Então, ele enviou Timóteo para lá (4.17; 16.10s) para lhe trazer notícias. A carta foi escrita, em parte, para responder a outra carta enviada pelos coríntios, que buscavam esclarecimentos de Paulo sobre várias dúvidas (7.1,25; 8.1; 12.1; 16.1). Infelizmente, não temos essa carta que os coríntios escreveram para ele, apenas sua resposta. Além da carta dos coríntios, Paulo também responde a relatórios que recebeu de uma família chefiada pela mulher Cloe (1.11; 11.18).

A igreja de Corinto precisava muito da repreensão e correção de Paulo. Foi isso que o apóstolo resolveu fazer, com toda a sabedoria e sua autoridade firme, mas também com delicadeza, tato e amor.

Mais divisões e brigas

Outra vez? Parece que já assistimos a esse filme com os gálatas. Logo no começo, Paulo trata da desordem dentro da igreja (1.11; 5.1; 11.18) e de divisões entre grupos rivais (1.10-17; caps. 3-4). Para complicar, como na Galácia, algumas pessoas questionaram a autoridade apostólica, um tema recorrente nas suas cartas. Embora hoje Paulo seja aclamado como o grande líder da igreja primitiva, durante o período da composição das suas cartas ele às vezes era visto com suspeita e reserva, isso quando não era enfrentado em oposição direta (1.12; 3.1-4.5; cap. 9).

Unidade e amor

Depois da sua saudação, Paulo vai direto ao tema da carta: *que todos estejam de acordo naquilo que falam e que não haja divisões entre vocês; pelo contrário, que vocês sejam unidos no mesmo modo de pensar e num mesmo propósito* (v. 10). Na vida "em Cristo Jesus" é a unidade que conta — sempre!

O que tinha acontecido? Parece que os crentes formaram grupinhos conforme sua preferência por um líder. Alerta: não devemos idolatrar personalidades. Sim, Paulo era o amado fundador. Contudo, nem um líder deve ser venerado. Apolo era um judeu erudito e eloquente de Alexandria que recebeu instruções de Priscila e Áquila em Éfeso e foi enviado para Corinto, onde teve um ministério frutífero (At 18.24-28). Líderes eloquentes atraem pessoas até hoje, não é? Não sabemos se Cefas (nome aramaico de Pedro; cf. 1Co 15.5; Gl 2.8s) tinha visitado Corinto ou se apenas a reputação desse famoso "pilar" da igreja foi uma influência forte lá. Dá para entender o problema? Um líder preferido. Um influenciador. Hoje teria muitos seguidores nas redes. E o grupo que afirmava: "Eu sou de Cristo"? Não estava certo? Sim, mas deve ter falado com superioridade e arrogância, excluindo ou discriminando outras pessoas.

Por que a unidade é tão importante? Afinal, somos diferentes. A base teológica é simples e clara: *Será que Cristo está dividido? Será que Paulo foi crucificado por vocês ou será que vocês foram batizados em nome de Paulo?* (v. 13). Somos todos e todas seguidores do Cristo crucificado. Nosso batismo foi em nome do Pai, do Filho e do Espírito Santo (Mt 28.19). *Há um só Senhor, uma só fé, um só batismo* (Ef 4.5).

Tudo o que segue em 1 Coríntios 1.11 – 4.21 é uma elaboração desse apelo à unidade. Enfim, 1 e 2 Coríntios chamam a igreja à unidade e à concórdia, marcas daqueles que pertencem a Cristo. A unidade, portanto, não é automática, requer esforços humanos. O auge da orientação de Paulo é o lugar do amor em toda a conduta cristã (8.1-33; 12.31-13.13; Gl 5.13,14,22).

Raízes do problema

Paulo lamenta profundamente essas preferências por certos líderes e a discórdia que provocaram as facções na igreja. Ele sempre trabalhava em equipes missionais e formava lideranças. Aliás, Sóstenes está escrevendo com ele (1.1).

Em 1.18-25, Paulo esclarece que a fonte das divisões é o orgulho e o apreço que os coríntios tinham para com os oradores populares que frequentavam a praça pública e proferiam palestras marcadas pela eloquência, com a aparência de grande conhecimento. Paulo critica esses valores e se distancia dessa forma de discursos, advogando os valores cristãos de transparência, simplicidade, humildade e o poder de transformar vidas.

... a palavra da cruz

Acima de tudo, Paulo vincula a verdade à revelação de Deus no lugar da sabedoria das filosofias e ciências humanas, e apela fortemente para a obra de Deus manifesta na cruz de Cristo, evento este que não impressionava segundo os valores tanto de gregos quanto de judeus. Portanto, foi esse, diz Paulo, o meio que Deus escolheu para iniciar a nova era do Espírito. Era algo que só se entendia ao pé da cruz. Naquilo que parece a *loucura e a fraqueza de Deus* se encontra o poder restaurador do perdão. Esvaziando-nos de todo orgulho e arrogância, vamos seguir a Cristo na estrada da fragilidade (Fp 2.5-11) rumo à cruz. A conferir.

Perguntas para reflexão e ação

- Quais são os motivos de divisão na igreja de Corinto e na nossa igreja hoje?

- Como as igrejas hoje veneram certos líderes? Quais grupinhos existem em nossas igrejas hoje?

- Quais são as causas pelas quais deixamos de pregar Cristo crucificado hoje e não colocamos a cruz no lugar central de nossas vidas e doutrina?

17

Vulnerabilidade e humildade na cruz

Irmãos, considerem a vocação de vocês. Não foram chamados muitos sábios segundo a carne, nem muitos poderosos, nem muitos de nobre nascimento. Pelo contrário, Deus escolheu as coisas loucas do mundo para envergonhar os sábios e escolheu as coisas fracas do mundo para envergonhar as fortes. E Deus escolheu as coisas humildes do mundo, e as desprezadas, e aquelas que não são, para reduzir a nada as que são, a fim de que ninguém se glorie na presença de Deus.

Mas vocês são dele, em Cristo Jesus, o qual se tornou para nós, da parte de Deus, sabedoria, justiça, santificação e redenção, para que, como está escrito, "aquele que se gloria, glorie-se no Senhor". — **1 Coríntios 1.26-29**

Irmãos, quando estive com vocês, anunciando-lhes o mistério de Deus, não o fiz com ostentação de linguagem ou de sabedoria. Porque decidi nada saber entre vocês, a não ser Jesus Cristo, e este, crucificado. E foi em fraqueza,

temor e grande tremor que eu estive entre vocês. A minha palavra e a minha pregação não consistiram em linguagem persuasiva de sabedoria, mas em demonstração do Espírito e de poder, para que a fé que vocês têm não se apoiasse em sabedoria humana, mas no poder de Deus.
— 1 Coríntios 2.1-5

Paulo encarava sem negar, minimizar ou esconder e diagnosticava os problemas nas igrejas. Foi decisivo com zelo e cuidado no diagnóstico dos coríntios — brigas e divisões. Ao mesmo tempo, já vai indicando a solução, apontando para "a cruz de Cristo" (1.17s), e afirmou com todas as letras: *nós pregamos o Cristo crucificado* (1.23).

Agora ele vai destrinchar o antídoto, o remédio, a solução com mais detalhes e implicações. Mostrar como desatar o nó da discórdia e conviver em harmonia. Isso serve para nós hoje da mesma maneira.

... considerem a vocação de vocês (1.26)

O chamado de Deus, a escolha de Deus, os instrumentos de Deus não são como as escolhas e meios do mundo. Deus escolheu Israel, um dos menores e mais fracos dos países, para ser seu povo. Escolheu Davi, o filho mais novo e inexperiente, para prometer seu Reino eterno. Jesus chamou doze discípulos operários sem estudo. Coisa estranha. Escolheu as pessoas e as *coisas loucas... fracas... humildes do mundo, e as desprezadas* (1.27s). Não é exagero.

Vulnerabilidade e fragilidade

Isso mesmo: esse é o caminho das pessoas que estão "em Cristo", pois é o caminho que Cristo trilhou e o levou à cruz (Fp 2.5-8). O Cristo crucificado mostrou o que significa ser plenamente humano. É profundo e instigador. Cristo mudou nossa maneira de pensar e agir. A natureza humana assume sua vulnerabilidade e fragilidade? Ao contrário. Nós nos acostumamos a demonstrar que somos fortes, independentes, autossuficientes. Nada de transparência. Nada de assumir nossas fraquezas, limitações e pequeneza. Nada de vulnerabilidade existencial e social.

... aquele que se gloria, glorie-se no Senhor (1.31)

Por que é tão importante assumir nossa vulnerabilidade e fragilidade? Porque se não fizermos isso vamos cair nas armadilhas de orgulho, arrogância, prepotência, superioridade, discriminação. Vamos nos exaltar e nos vangloriar (1.29). Quem nunca fez isso? Como resultado, brigas, competição, ciúmes, inveja, grupinhos e rivalidades. Deus não nos chamou para isso, não. E Paulo confronta essas atitudes cabalmente em uma atitude densa e enérgica.

Toda a honra e toda a glória pertencem tão somente a Cristo Jesus, *o qual se tornou para nós... sabedoria, justiça, santificação e redenção* (1.30). Coisa bonita, essa! A humildade é a marca de uma vida "em Cristo". É complicado. É difícil. É uma questão preocupante. O que nos falta não é conhecimento. É humildade. É amor. É esvaziar-se do ego. Jesus ensinou que as pessoas que se exaltam serão humilhadas e as que se humilham serão exaltadas (Mt 23.12). João Batista diminuía à medida que Cristo crescia (Jo 3.30). É Deus quem deve receber toda a glória, e não um líder carismático ou grupo na igreja. Paulo prescreve um remédio tão simples, tão belo. É assim: tirar nossos disfarces e ilusões e entrar em um processo honesto de autodescoberta. Encarar nossas limitações, erros e necessidades e sentir nossa carência e dependência total de Deus. Assumir intencionalmente nossa própria fragilidade e vulnerabilidade. Reconhecer que precisamos uns dos outros e outras na igreja. Cada pessoa que segue Cristo está sempre a caminho, sempre incompleta, sempre aberta para ouvir e aprender.

... anunciando-lhes o mistério de Deus (2.1)

Paulo já afirmou que a temática de sua mensagem evangelística era a cruz. Naquilo que parecia loucura, escândalo ou fracasso para algumas pessoas estava escondido o poder e amor redentor de Deus. Sim, é um mistério. Esse mistério não se prega com ostentação, dependendo de retórica ou eloquência, conhecimento e sabedoria humana. Não se usa persuasão, ameaça, manipulação ou imposição — técnicas muitas vezes usadas na evangelização atual. Hoje a alta tecnologia e o sofisticado marketing podem ser utilizados para comercializar o Evangelho e criar rivalidades entre igrejas que querem vender seu "produto", que infelizmente não é a cruz do Cristo sofredor.

Foco em Jesus Cristo crucificado

Aqui está a essência da mensagem cristã, "a palavra da cruz". Quais são as implicações desse foco para nós? É bom reparar que é bem diferente de uma mensagem de obsessão com prosperidade, cura, poder, fama e sucesso. Quem promete ou busca essas coisas tem outro foco, talvez até "outro evangelho". Distorcem a Bíblia para seu próprio benefício e enganam as pessoas. O ponto-chave é: *nós pregamos o Cristo crucificado* (1.23).

Os povos sofridos encontram acolhimento, consolo, solidariedade e libertação no Cristo crucificado que se identificou com eles, que sentiu profundamente no seu corpo a rejeição, humilhação, tortura, sofrimento, dor e morte resultante dos pecados da humanidade.

Outra coisa: é importante perceber que a cruz não foi diminuída ou esquecida por causa da ressurreição. É no caminho da cruz que descobrimos a magnitude do que Deus fez para nos salvar e o preço do verdadeiro discipulado. A solução de Deus para o dilema humano foi radical. Servimos e proclamamos o Cristo crucificado ressurreto. É um só evento, uma obra salvadora, conjunto total, completo. A cruz é o símbolo ímpar do cristianismo, um símbolo que nos lembra do preço que Cristo pagou para nossa redenção e perdão. Não há fé cristã sem a cruz. Não há igreja cristã sem a cruz. Tomar a cruz diariamente é a jornada de uma vida "em Cristo". Enfim, a pregação e celebração cristã começa e termina com a cruz.

Via da fraqueza

Missão em fraqueza. Foi desse jeito que Paulo realizou sua missão — *em fraqueza, temor e grande tremor* (2.3). É. Nada de super-heróis. Nada de se vangloriar. Nada de se exaltar. Paulo nunca escondeu seu dia a dia de tribulações, ataques, desânimo e dificuldades. Tinha críticas até de sua aparência (2Co 10.10).

O modelo da missão de Jesus e da igreja primitiva não foi a partir de recursos grandiosos e técnicas "modernas", mas da simplicidade, sensibilidade, solidariedade, compaixão e partilha. Isso não significa que não podemos usar a tecnologia a serviço da igreja. Aliás, a pandemia nos mostrou como a internet e a WebTV têm utilidade. Contudo, tudo que usamos e fazemos há de ser com humildade, sem ostentação e para a glória de Deus.

... no Espírito e... no poder de Deus (2.4)

A ênfase de Paulo é que a eficácia do Evangelho pregado depende não de um embrulho sofisticado e atraente, mas do poder de Deus. A "demonstração do Espírito e do poder" é que causa transformações nas pessoas e na sociedade. Jesus ensinou que é o Espírito Santo quem convence as pessoas (Jo 16.8-11). Isso não significa que a pregação deva ser de qualquer jeito, improvisada, sem preparo e sem estudo. Quem prega tem a responsabilidade de estudar para saber usar e interpretar corretamente a Bíblia, a teologia e a ética cristã (1Tm 4.13-16). Pedimos a iluminação do Espírito, estudamos e nos preparamos.

Que o Espírito use essas meditações para transformar sua vida, caro leitor, querida leitora. Sempre a caminho da maturidade.

Perguntas para reflexão e ação

- Com honestidade, faça uma declaração de sua própria vulnerabilidade, fragilidade e limitações.

- De que maneiras líderes nas igrejas se gloriam, se exibem ou se exaltam de seu sucesso no ministério? O que precisam fazer para aprender com as outras pessoas?

- Qual é a importância da cruz e do Cristo crucificado na sua vida diária e na pregação e doutrina da sua igreja?

- Como você entende e participa na missão a partir da fraqueza?

18

Sabedoria vem do Espírito

No entanto, transmitimos sabedoria entre os que são maduros. Não, porém, a sabedoria deste mundo, nem a dos poderosos desta época, que são reduzidos a nada. Pelo contrário, transmitimos a sabedoria de Deus em mistério, a sabedoria que estava oculta e que Deus predeterminou desde a eternidade para a nossa glória. Nenhum dos poderosos deste mundo conheceu essa sabedoria. Porque, se a tivessem conhecido, jamais teriam crucificado o Senhor da glória...

Deus, porém, revelou isso a nós por meio do Espírito. Porque o Espírito sonda todas as coisas, até mesmo as profundezas de Deus. Pois quem conhece as coisas do ser humano, a não ser o próprio espírito humano, que nele está? Assim, ninguém conhece as coisas de Deus, a não ser o Espírito de Deus. E nós não temos recebido o espírito do mundo, e sim o Espírito que vem de Deus, para que conheçamos o que por Deus nos foi dado gratuitamente.

Disto também falamos, não em palavras ensinadas pela sabedoria humana, mas ensinadas pelo Espírito, conferindo

> *coisas espirituais com espirituais. Ora, a pessoa natural não aceita as coisas do Espírito de Deus, porque lhe são loucura. E ela não pode entendê-las, porque elas se discernem espiritualmente. Porém a pessoa espiritual julga todas as coisas, mas ela não é julgada por ninguém. Pois quem conheceu a mente do Senhor, para que o possa instruir? Nós, porém, temos a mente de Cristo.*
> — **1 Coríntios 2.6-16**

Às vezes Paulo pega pesado. Ele já deu uma boa sacudida nos grupinhos rivais nas igrejas em Corinto, talvez em nós também. Colocar panos quentes não é com ele, portanto ele faz tudo com metas bem definidas e desejos profundos. Ele visa a duas metas: a *unidade* dentro das igrejas e a *maturidade* de todos os seus membros. Essa maturidade vem somente através da firme e carinhosa correção dos erros, equívocos e abertura para aprender, mudar e crescer. Paulo é um pastor, mestre e missionário exemplar.

Rumo à maturidade espiritual

É um tema que será presente em toda a carta e veremos como destaque em Efésios, onde Paulo desenvolve também os temas de unidade, maturidade e diversidade. A palavra do grego usada aqui (*teleios*) aponta para aperfeiçoamento, maturidade, ser uma pessoa completa, como Jesus encarnado foi (Fp 3.15; Cl 1.28; Ef 4.13). Para Paulo, a maturidade espiritual resulta na edificação da comunidade (1Co 14.20).

É um caminho intencional ou processo constante que só atingimos na consumação do Reino (Fp 3.12-16). A correção de

Paulo é como a de um pai e uma mãe com crianças pequenas. Desejam levá-las à maturidade, desenvolver suas habilidades e assumir suas responsabilidades na vida.

Sabedoria

Paulo segue sua lógica e afirmação no texto anterior de que a sabedoria divina é a sabedoria da cruz, sabedoria essa que para muitas pessoas é loucura. Nesses versículos Paulo vai esmiuçar a sabedoria de pessoas maduras na fé, e para isso ele usa certa ironia e contrastes. Na sua contextualização Paulo utiliza os termos da cultura e dá novas interpretações. É uma boa lição para nós. Naquela época, a sabedoria (*sophia*) estava no auge na filosofia. Tudo bem. Vocês valorizam e enaltecem a sabedoria? Ótimo, vamos falar sobre a sabedoria.

Primeiro contraste:
A sabedoria dos poderosos do mundo e a sabedoria de Deus

... *transmitimos a sabedoria de Deus em mistério* (v. 7)

A sabedoria de Deus é um "mistério" (1Co 4.1; Rm 16.25; Cl 1.26s; 2.2; Ef 1.9s) que estava oculto. Que mistério é esse? Cristo crucificado. Faz parte do plano redentor de Deus desde a eternidade, que vai sendo realizado ao longo da história e ainda terá sua consumação escatológica. É um plano que alcança seu auge na vulnerabilidade, humildade e fragilidade da encarnação quando o vento misterioso do Espírito soprou e formou um corpo humano-divino que 33 anos depois se entregou à crucificação. Deparamo-nos com a sabedoria divina no sofrimento, fraqueza e morte de Cristo, em cumprimento às profecias de Isaías. Mas como alcançamos e entendemos essa sabedoria divina? Resposta simples e profunda: só pela revelação do Espírito de Deus. Todo cristão e cristã recebe o Espírito (1Co 12.3). Podem apagar ou entristecer o Espírito (1Ts 5.19; Ef 4.30). Tiago explica e instrui: *Se, porém, algum de vocês necessita de sabedoria, peça a Deus, que a todos dá com generosidade e sem reprovações, e ela lhe será concedida* (Tg 1.5). Ele também faz um contraste entre uma sabedoria *terrena, animal e demoníaca... onde há inveja e rivalidade* (Tg 3.15s) e *a sabedoria lá do alto é, primeiramente, pura; depois, pacífica, gentil, amigável, cheia de misericórdia e de bons frutos, imparcial, sem fingimento* (Tg 3.17).

Anotem. Paulo destaca aqui dois temas que serão fundamentais para elucidar as questões debatidas nessa carta: sabedoria e o Espírito.

... o Espírito sonda todas as coisas, até mesmo as profundezas de Deus (v. 11)

É o Espírito que abre as mentes e os mistérios de quem quer receber e entendê-los. O Espírito sonda nossos corações e nos conhece totalmente (Sl 139). Tão somente o Espírito sonda, conhece e ensina "as profundezas de Deus". É o que Jesus ensinou com toda clareza em João 16.13. E a cruz de Cristo é certamente uma delas.

Segundo contraste:
O Espírito de Deus e o espírito do mundo

Os "poderosos do mundo" que exibem sua "sabedoria" partem de outra perspectiva e espírito. Nessa perspectiva, ter e acumular conhecimento e bens é poder. Produz orgulho e prepotência. Ter mais e mais para dominar e ser maior é uma lógica bem comum hoje. Jesus demonstrou outro prisma pelo seu exemplo e seus ensinamentos e advertiu que ter e dominar não é o caminho de quem o segue (Lc 9.23; 22.25; Mt 5.1-12).

Lembramos do contraste que Paulo fez na sua carta para os gálatas sobre "as obras da carne" e o "fruto do Espírito" (Gl 5.16-26). Aliás, é o mesmo remédio para um problema semelhante de divisões com outra causa.

O Espírito de Deus nos revela e nos ensina *para que conheçamos o que por Deus nos foi dado gratuitamente* (1Co 2.12b). Ou seja, é o magnífico mistério da cruz, da graça, da salvação, do perdão, da inclusão na família de Deus.

Para resumir esse contraste, Paulo fala de "palavras ensinadas pela sabedoria humana" e as "ensinadas pelo Espírito" (v. 13). Aponta, ainda, para "a pessoa natural" (*psychikos*) e "a pessoa espiritual" (*pneumatikos,* vv. 14s). Vai elaborar mais nos capítulos 12 a 14 com outra ênfase: os dons espirituais. O contraste nítido é entre as pessoas que vivem pelas ideias, ambições e valores do mundo e as que vivem pelos ensinamentos, atitudes e valores do Reino de Deus. A "pessoa natural" simplesmente não entende os mistérios da fé e *não aceita as coisas do Espírito de Deus, porque lhe são loucura* (v. 14).

Discernimento

Cabe aos coríntios, com suas divisões e dúvidas, pedir ao Espírito de Deus sabedoria e discernimento para viverem e conviverem. É preciso entender que as "coisas" de Deus, as "profundezas" de Deus, os "mistérios" de Deus "se discernem espiritualmente" (v. 14). No caminho da maturidade alcançamos essa sabedoria e discernimento. O rei Salomão não pediu a Deus longevidade ou riquezas, mas um *coração compreensivo para governar o teu povo, para que, com prudência, saiba discernir entre o bem e o mal... para discernir o que é justo*, e por isso Deus lhe deu *um coração sábio e inteligente* (1Rs 3.9,11s).

Nós, porém, temos a mente de Cristo (1Co 2.16)

Paulo já falou que Jesus é a sabedoria de Deus (1Co 1.24,30). Nós estamos "em Cristo". Agora ele faz essa afirmação ousada e poderosa para as pessoas que amadurecem na fé. Antes de começar a inflar-se, é só lembrar que Paulo está falando sobre o Cristo crucificado. Para ter a mente de Cristo temos que tomar a nossa cruz e seguir nosso modelo (Fp 2.1-11). Nessa perspectiva, essa constatação que nos enche de "temor e tremor" nos leva a uma postura de humildade, gratidão e responsabilidade, assim como Isaías diante da santidade de Deus (Is 6.5) ou Pedro na pesca maravilhosa (Lc 5.8).

Como pode ser possível ter a mente de Cristo? Pelo Espírito que habita em nós, nos ilumina, nos quebranta, nos ensina e nos guia.

Perguntas para reflexão e ação

- Quais são as características da "sabedoria dos poderosos" na igreja em Corinto, no mundo hoje e nas nossas igrejas?

- Quais são as "coisas", valores e ambições do mundo que influenciam a sua vida? O que você vai fazer para seguir a sabedoria do Cristo crucificado?

- O que você precisa fazer para abrir-se à sabedoria que vem do Espírito para amadurecer mais na fé?

- Como você discerne espiritualmente "as profundezas de Deus" e a vontade dele para a sua vida?

19

Rivalidades, não! Cooperação, sim!

... não pude falar a vocês como a pessoas espirituais, e sim como a pessoas carnais, como a crianças em Cristo. Eu lhes dei leite para beber; não pude alimentá-los com comida sólida, porque vocês ainda não podiam suportar. Nem ainda agora podem, porque vocês ainda são carnais. Porque, se há ciúmes e brigas entre vocês, será que isso não mostra que são carnais e andam segundo os padrões humanos? Quando alguém diz: "Eu sou de Paulo", e outro diz: "Eu sou de Apolo", não é evidente que vocês andam segundo padrões humanos? Quem é Apolo? E quem é Paulo? São servos por meio de quem vocês creram, e isto conforme o Senhor concedeu a cada um. Eu plantei, Apolo regou, mas o crescimento veio de Deus. De modo que nem o que planta é alguma coisa, nem o que rega, mas Deus, que dá o crescimento. Ora, o que planta e o que rega são um, e cada um receberá a sua recompensa de acordo com o seu próprio trabalho. Porque nós somos cooperadores de Deus, e vocês são lavoura de Deus e edifício de Deus.

> *Segundo a graça de Deus que me foi dada, lancei o fundamento como sábio construtor, e outro edifica sobre ele. Porém cada um veja como edifica. Porque ninguém pode lançar outro fundamento, além do que foi posto, o qual é Jesus Cristo. E, se o que alguém edifica sobre o fundamento é... madeira, feno ou palha... o fogo provará qual é a obra de cada um...*
>
> *Vocês não sabem que são santuário de Deus e que o Espírito de Deus habita em vocês?*
> — **1 Coríntios 3.1-13,16**

Paulo começa falando claramente do estágio da fé dos coríntios. E qual é? "... pessoas carnais... crianças em Cristo". Espera aí. Existem crentes "carnais"? Adultos que ainda são "crianças em Cristo"? Que nem são "espirituais" (*pneumatikoi*)? Como tinha nas igrejas daquele tempo! E hoje também! Com a metáfora "leite", Paulo mostra que há estágios no desenvolvimento da fé. Mais uma vez ele recorre à ironia para indicar que esses crentes que se julgavam avançados e superiores estão no estágio infantil, ou seja, imaturidade.

Como Paulo chegou a essa avaliação? Foi fácil. *Porque, se há ciúmes e brigas entre vocês, será que isso não mostra que são carnais e andam segundo os padrões humanos?* (v. 3). E qual é o motivo das brigas na comunidade? Em parte, grupos rivais com seus líderes preferidos. Outro motivo eram questões sérias a respeito de suas compreensões teológicas, inclusive sobre a sabedoria e práticas religiosas, idolatria, imoralidade flagrante, manifestações do Espírito no culto e a ressurreição. Veremos depois. Portanto, Paulo já sinaliza que, quando brigamos e nos dividimos sobre nossa teologia e prática, somos "pessoas carnais" seguindo "padrões humanos". Que coisa!

Um detalhe espantoso: nessa altura da sua carta, ser "pessoas carnais" não tem nada a ver com o corpo e a sexualidade. Tem a ver com rivalidade e desunião na igreja.

Toda a brilhante reflexão de Paulo até aqui sobre a cruz, o Espírito e a sabedoria desembocam onde a carta começou: o problema das divisões na igreja. Um diagnóstico acertado. Acordem! Parem de brigar! Larguem esse comportamento infantil!

Líderes "servos" (v. 5)

Agora Paulo volta à "sabedoria da cruz" que expõe as raízes do problema e humildemente se coloca como "servo" (*diakonos*). Líderes servem o povo, não dominam (Mc 10.42-45). Paulo inverte os padrões da sociedade daquele tempo e de hoje. É uma palavra assustadora para essa comunidade prepotente com concorrências ferozes e elitismo espiritual. Há só um "Senhor" (*kyrios*), só um "superior", e esse é Jesus, que nos concede uma diversidade de dons e tarefas na igreja. Foco na personalidade do líder, não! Rivalidades, não! Individualismo, não! A medida da maturidade na fé é serviço, união e paz na igreja.

Somente Deus dá crescimento e sucesso

Não somos coisa alguma! Nosso trabalho não dá em coisa alguma sem a ação divina. A comunidade e todos/as os/as líderes pertencem a Deus e dependem de Deus para abençoar seus ministérios. Foi Deus quem fez a igreja nascer. É Deus quem nos dá dons e habilidades. E é a Deus que temos de prestar contas. Isso é sério. Deus age, mas nos dá responsabilidades e vai cobrar, avaliar e julgar nosso trabalho. É só nos lembrarmos da parábola dos talentos que Jesus contou (Mt 25.14-30). Não importa quantos ou quais talentos temos. O que importa é usá-los com responsabilidade. Jesus chama quem o faz de "servo bom e fiel" e o recompensa (1Co 3.14). Ah! Tem mais. É só Deus quem define o que é "sucesso", e nisso pode haver inesperadas surpresas. São padrões e valores divinos, não humanos.

Resumindo: liderança unida, igreja unida, líderes diferentes com tarefas diversas. Portanto, "são um", trabalhando juntos e juntas em parcerias. Complementaridade, sim! Competição, não! Humildade e cooperação, sim! Superioridade e arrogância, não!

Líderes cooperadores de Deus

Que privilégio! Que responsabilidade! A palavra grega traduzida aqui como "cooperadores" é rica, *synergos,* palavra composta de *syn*, junto, e *ergon*, obra: um trabalho em conjunto, cooperação. Trabalhamos em parcerias humanas por causa dessa parceria divina-humana que o Deus Trino quer conosco. Parceria era uma marca do trabalho missional de Paulo e suas equipes. Cada pessoa com seus diferentes dons, ministérios, preparo, capacitação e tarefas, "segundo a graça de Deus" (v. 10), encaixando-se no grande plano missional de Deus.

Igreja *lavoura de Deus...* *edifício de Deus...* *santuário de Deus* (vv. 9,16)

A igreja não é minha, não é nossa, não é de líder algum, é de Deus. Jesus deixou isso claro (Mt 16.18). Com essas três metáforas, ficam patentes duas coisas significativas. Primeira, Paulo se refere à igreja como um organismo vivo, uma comunidade, e não como uma instituição estática hierárquica. Ou seja, o que vale são as pessoas, e não os espaços físicos e estruturas. Em segundo lugar, Paulo vê a igreja em termos coletivos. Não está falando sobre a vida espiritual privada e a fé de cada indivíduo, mas da comunidade coletiva. É um conceito difícil para nossa mentalidade individualista.

... lancei o fundamento como sábio construtor, e outro edifica sobre ele (v. 10)

Paulo era pioneiro. Plantou muitas novas igrejas. Na história da igreja, muitos pioneiros e pioneiras têm seguido seu exemplo em todos os continentes, com seus erros e acertos, com sua prestação de contas diante do Senhor da igreja. Deus tem dado o crescimento. A igreja está presente em todos os países do mundo, e pessoas continuam fazendo obras pioneiras hoje. Isso requer muito planejamento, sabedoria, discernimento, humildade, cooperação, sinergia e diversidade.

Há igrejas com caras diferentes, culturas diferentes, costumes diferentes, ênfases teológicas diferentes. Porém, há um só fundamento, Jesus Cristo (v. 11). "Em Cristo" somos um só corpo (Ef 4.4).

E como um líder "edifica" uma comunidade local sobre esse fundamento? Isso é de suprema importância. Paulo adverte: *cada um veja como edifica* (v. 10). Antes de tudo, *ninguém pode lançar outro fundamento, além do que foi posto, o qual é Jesus Cristo* (v. 11). Além de ser plantador de igrejas, Paulo já começava a "edificá-las". Como? Instruindo, formando lideranças, encorajando, orientando, corrigindo. Suas cartas eram um meio impactante de ensinar e edificar. É o objetivo de nossos livros também.

Qual é o perigo? Escutem bem. *E, se o que alguém edifica sobre o fundamento é... madeira, feno ou palha, ... o fogo provará qual é a obra de cada um* (vv. 12s). Naquele tempo, e hoje, muitos líderes ensinam ou "edificam" com materiais fracos como "madeira, feno ou palha", ou seja, bobagens, modismos, heresias, tradições humanas, mil distorções. O julgamento de Deus vai provar e destruir tudo isso mais cedo ou mais tarde. Quem tem ouvidos, ouça.

Certamente Paulo e outros bons líderes ensinavam as comunidades cristãs com os conteúdos da fé e ética que Jesus ensinava (naquele momento era tudo tradição oral, pois os Evangelhos ainda não haviam sido escritos) e as interpretações e releituras do Antigo Testamento que Jesus fazia. Paulo sublinha a grande responsabilidade de todas as pessoas dedicadas à pregação e ao ensino na igreja. Resultados duradouros dependem do fundamento de Jesus Cristo crucificado e ressurreto e de seus ensinamentos, ou "comida sólida", consistentes e práticos. É o nosso desafio.

Perguntas para reflexão e ação

- Faça uma honesta avaliação. Você pensa que a igreja é "sua" e usa seu ministério para ter popularidade? Você compete com outros líderes ou igrejas? Você tem orgulho de seus conhecimentos e habilidades? O que precisa repensar a partir deste capítulo sobre liderança na igreja?

- O que esse texto tem a dizer para a sua igreja?

- Como andam a unidade e a cooperação em nossas igrejas hoje?

- Quais são as aplicações das palavras finais de julgamento contra líderes orgulhosos que comprometem a integridade dos ensinamentos bíblicos e destroem a unidade da igreja?

20

Arrogância, não!
Sacrifício, sim!

Assim, pois, importa que todos nos considerem como ministros de Cristo e encarregados dos mistérios de Deus. Ora, além disso, o que se requer destes encarregados é que cada um deles seja encontrado fiel. —
1 Coríntios 4.1s

Meus irmãos, apliquei estas coisas figuradamente a mim mesmo e a Apolo, por causa de vocês, para que por nosso exemplo vocês aprendam... que ninguém se encha de orgulho a favor de um em prejuízo de outro. Pois quem é que faz com que você sobressaia? E o que é que você tem que não tenha recebido? E, se o recebeu, por que se gloria, como se não o tivesse recebido?

Vocês já estão fartos! Já são ricos! Chegaram a reinar sem nós! Sim, quem dera que vocês fossem reis, para que também nós viéssemos a reinar com vocês! Porque me parece que Deus pôs a nós, os apóstolos, em último lugar, como se fôssemos condenados à morte. Porque nos

> *tornamos espetáculo para o mundo, tanto para os anjos como para os seres humanos. Nós somos loucos por causa de Cristo, e vocês são sábios em Cristo. Nós somos fracos, e vocês são fortes; vocês são honrados, e nós somos desprezados. Até a presente hora, sofremos fome, sede e nudez; somos esbofeteados e não temos morada certa; e nos afadigamos, trabalhando com as nossas próprias mãos. Quando somos insultados, bendizemos; quando somos perseguidos, suportamos; quando somos caluniados, procuramos conciliação. Até agora, temos chegado a ser considerados lixo do mundo, escória de todos.*
> — **1 Coríntios 4.6-13**

O problema era grave, seríssimo, insuportável. Essa é uma reprovação severa. Um confronto direto e duro. Às vezes isso se torna imprescindível. Ser líder na igreja não é brincadeira. Não é apenas uma profissão. Paulo aprofunda a questão e faz uma contundente crítica do orgulho e da arrogância deles. Aliás, Paulo vai lidar com esse problema em toda a carta. Adiante há uma longa parte sobre a atitude de superioridade espiritual (8.1 – 11.1).

Está evidente que nessa divisão em quatro grupinhos (1.12) havia uma forte crítica de Paulo e questionamento sobre sua autoridade ministerial (4.3; 9.3).

Esse texto se divide em três partes. Primeiro, Paulo faz uma definição de si mesmo. Segundo, faz uma irônica descrição da maneira como alguns crentes em Corinto se definiam em contraste com os líderes dos outros grupos. Terceiro, Paulo faz afirmações sobre sua vida missional. É bom parar e pensar com profundidade sobre as aplicações e desafios éticos e missionais desse texto para nossas vidas. Ouçamos com abertura e atenção.

... encarregados dos mistérios de Deus (v. 1)

Paulo já falou sobre os "mistérios de Deus" (2.1,7). É o mistério da redenção na cruz que é a essência do Evangelho. É o plano libertador e restaurador da missão de Deus que abrange a evangelização, discipulado, diaconia, justiça social e cuidado do planeta. Em cartas que ele escreverá depois, esse mistério focará a natureza inclusiva da igreja que integra os gentios (Rm 16.25-27; Ef 3.1-13; Cl 1.26s).

A palavra aqui traduzida por "encarregados" (*oikonomos*) é muito importante. Significa despenseiro, mordomo, administrador ou gerente. É composta por *oikos*, casa, e *nomos,* lei. Naquele tempo referia-se a um servo que gerenciava a casa, uma posição de considerável privilégio e autoridade. Jesus usa essa palavra para falar do "mordomo fiel e prudente" na parábola em Lucas 12.42s. Lembramo-nos hoje talvez de "mordomos" das novelas, "capatazes" das fazendas, "governantas" das casas ou "gestores" das empresas. Duas palavras atuais vêm de *oikonomos*: economia e mordomia. Talvez por causa da primeira, na igreja usamos a segunda, mordomia, só para falar sobre a administração do dinheiro, especialmente a entrega dos "dízimos" e ofertas. Entretanto, é muito mais do que isso. Refere-se ao uso dos dons e talentos e dos recursos naturais do planeta, enfim, o uso que fazemos da vida.

Onde Paulo queria chegar com isso? Que "ministros de Cristo e encarregados dos mistérios de Deus" e da sua missão têm a incumbência de ser *fiéis* a Deus. Paulo é. Mais uma vez ele faz lembrar que Deus julgará o ministério de cada pessoa (vv. 4s)

... para que por nosso exemplo vocês aprendam... (v. 6)

Até aqui Paulo recorreu a metáforas para falar sobre a relação da igreja com ele e outros líderes com a esperança de que aprendessem e "que ninguém se encha de orgulho a favor de um em prejuízo de outro". É isso que o culto às personalidades, a vaidade, a inflada autoestima e as disputas de ego ensimesmado fazem. Basta! Chega de arrogância, rivalidades e competição! Chega de fazer comparações entre líderes! É absurdo! Gente, tudo o que sabemos, temos e somos é dom de Deus (v. 7). Paulo quer que as pessoas abram os olhos e quer ajudá-las. Entretanto, parece que não surtiu efeito.

Avançando para o segundo momento, Paulo reforça suas palavras com comparações sarcásticas entre ele e os "sábios" na igreja em Corinto (vv. 8-10). Em parte, a questão sobre "sabedoria" é cultural, influência das filosofias vigentes. Isso nos leva a refletir sobre o impacto do pensamento e valores atuais sobre a mentalidade dos crentes hoje em dia. Se a autodesignação ou o sonho de membros da comunidade era serem "ricos... reis... sábios... fortes... honrados", o chamado que Paulo recebeu no caminho a Damasco foi outro. Naquele dia, quando Ananias disse que o Senhor lhe tinha revelado que Saulo era um "instrumento escolhido" e que *eu mesmo vou mostrar a ele quanto deve sofrer pelo meu nome* (At 9.16), será que Paulo podia imaginar tudo que iria enfrentar? Certamente não.

De tal cenário emerge a questão: Quais são os sonhos dos líderes nas igrejas hoje?

Sacrifício, humildade e sofrimento

Paulo se abre e se expõe com transparência e sinceridade. *Deus pôs a nós, os apóstolos, em último lugar, como se fôssemos condenados à morte* (1Co 4.9; cf. 1Co 1.26-29). Jesus ensinou que nosso lugar é o último (Mc 9.35; Lc 14.9). É o caminho da cruz. Há privações, sim. Querem minhas credenciais? Querem saber como é a vida missional de quem é fiel? De quem segue nos passos do Cristo crucificado?

Prestem bem atenção: *Até a presente hora, sofremos fome, sede e nudez; somos esbofeteados e não temos morada certa; e nos afadigamos, trabalhando com as nossas próprias mãos* (1Co 4.11-12a). É uma das descrições mais realistas da vida missional na Bíblia. Paulo vai sentir a necessidade de repetir em 2 Coríntios 4.7-12; 6.4s; 11.23-29. Ele não está reclamando ou sentindo pena de si mesmo. Não tem complexo de perseguição. Ele simplesmente está descrevendo as marcas da autenticidade de seu apostolado.

As palavras em Coríntios transcendem o universo pioneiro de Paulo e servem para resumir o preço do discipulado e o padrão da liderança serva, a vida de quem segue com integridade o Servo Sofredor retratado em Isaías 53.

Mais tarde, quando Paulo desenvolve mais ainda seu entendimento da vida cristã, escrevendo aos filipenses, explicará melhor o que significa "tomar parte" dos sofrimentos de Cristo. Veja a seguir.

Mas o que para mim era lucro, isto considerei perda por causa de Cristo. Na verdade, considero tudo como perda, por causa da sublimidade do conhecimento de Cristo Jesus, meu Senhor. Por causa dele perdi todas as coisas e as considero como lixo, para ganhar a Cristo e ser achado nele, não tendo justiça própria, que procede de lei, mas aquela que é mediante a fé em Cristo, a justiça que procede de Deus, baseada na fé. O que eu quero é conhecer Cristo e o poder da sua ressurreição, tomar parte nos seus sofrimentos e me tornar como ele na sua morte, para, de algum modo, alcançar a ressurreição dentre os mortos. (Filipenses 3.7-11)

A linguagem e a emoção de Paulo quando escreveu aos coríntios foi forte. É um rompimento? Está desistindo da igreja que fundou e que passou dezoito meses consolidando? Acabou sua paciência e tolerância? Não. De repente, ele muda completamente de tom: *Não escrevo estas coisas para que vocês fiquem envergonhados; pelo contrário, para admoestá-los como a meus filhos amados* (v. 14). Está sendo coerente e sincero.

Como fundador da igreja, ele os trata como "pai" (v. 15). O que ele quer é corrigir erros para que cresçam e amadureçam na fé (Pv 3.11s; 13.24; 19.18). Quer isso para nós também.

Perguntas para reflexão e ação

- Como a igreja deve tratar a sua liderança? Quais são as qualificações que devem ser levadas em conta?

- Como você entende a mordomia cristã?

- Por que o "culto à personalidade" de um líder é perigoso?

- Quais são as formas de arrogância em nossas igrejas?

- Você tem certeza de que quer pertencer a Cristo, amadurecer e compartilhar sua missão e seu sofrimento? O que isso significa para você?

21

O Corpo é de Deus!

Ouve-se por aí que entre vocês existe imoralidade, e imoralidade tal como não existe nem mesmo entre os gentios, isto é, que alguém se atreva a possuir a mulher de seu próprio pai. E vocês andam cheios de orgulho, quando deveriam ter lamentado e tirado do meio de vocês quem fez uma coisa dessas. — **1 Coríntios 5.1s**

Todas as coisas me são lícitas", mas nem todas convêm. "Todas as coisas me são lícitas", mas eu não me deixarei dominar por nenhuma delas... Porém o corpo não é para a imoralidade, mas para o Senhor, e o Senhor, para o corpo. Deus ressuscitou o Senhor e também nos ressuscitará pelo seu poder.

Vocês não sabem que o corpo de cada um de vocês é membro de Cristo? E será que eu tomaria os membros de Cristo e os faria membros de uma prostituta? De modo nenhum! Ou não sabem que o homem que se une à prostituta forma um só corpo com ela? Porque, como se diz, "os dois se tornarão uma só carne". Mas aquele que se une ao Senhor é um só espírito com ele.

> *Fujam da imoralidade sexual! Qualquer outro pecado que uma pessoa cometer é fora do corpo; mas aquele que pratica imoralidade sexual peca contra o próprio corpo. Será que vocês não sabem que o corpo de vocês é santuário do Espírito Santo, que está em vocês e que vocês receberam de Deus, e que vocês não pertencem a vocês mesmos? Porque vocês foram comprados por preço. Agora, pois, glorifiquem a Deus no corpo de vocês.*
> — **1 Coríntios 6.12-20**

De uma coisa não há sombra de dúvida: a igreja não é perfeita. Aliás, está longe de chegar perto disso. A igreja é muito imperfeita. Em toda a sua história, desde o começo, tem cometido muitos erros, pecados e incoerências. O problema é que seus membros são pecadores e pecadoras em recuperação, em construção, em processo de transformação rumo à maturidade marcada pela unidade e comunhão na comunidade cristã e missão transformadora na sociedade. Vale lembrar que suas estruturas e lideranças também precisam sempre se reformar.

Outro ponto importante: a fé cristã não é só doutrina. É ética, é aplicação dos ensinamentos bíblicos a todas as áreas da vida. Não somos apenas seres espirituais. Vivemos em nossos corpos e na sociedade. Mais: em Cristo temos uma nova vida, uma nova ética, uma nova mentalidade, novos valores e comportamentos.

Aí entram os problemas da hipocrisia e da "tolerância", ou seja, a tendência de encobrir "pecados (supostamente) ocultos", especialmente de pessoas influentes. Isso compromete nosso testemunho e missão. Ainda há o problema da mentira, falta de sinceridade ou falsidade de alguém "dizendo-se irmão" (5.11) com comportamento contraditório. É um alerta para nós.

Quer ver um exemplo?

Uma série da Netflix chamada *Greenleaf*, cujo personagem principal é o Bispo James Greenleaf, escancara o abuso de poder, sexo, lavagem de dinheiro e corrupção de uma imponente igreja evangélica nos Estados Unidos. Quantos casos temos aqui no Brasil?

Vamos ao caso. Depois de falar demoradamente sobre as divisões e a soberba, no capítulo 5 Paulo revela sua surpresa diante de um caso de imoralidade dentro da igreja: um membro que está dormindo com a madrasta. O espanto surge porque a igreja evidentemente não via grande problema no caso, talvez porque, como dizem algumas fontes antigas, o homem era bem estimado e coordenava um dos grupos da igreja. O descaso da igreja também aponta para certa cumplicidade ou conivência na prática de imoralidades, atitude que Paulo corrige severamente (6.9-20).

Para encurtar a história, Paulo ordena a expulsão do homem e mais uma vez acusa a igreja de ser orgulhosa. É impressionante como a soberba e a falta de sensibilidade levam a imoralidade a se tornar normal. Hoje vivemos a banalização da imoralidade, da corrupção e da violência. Paulo, portanto, como um bom pai, mostra que a disciplina e a correção com firmeza e amor têm sempre como objetivo a restauração (5.3-5).

No capítulo 6, Paulo critica novamente os membros da igreja pela incapacidade de resolverem suas diferenças, que, nesse caso, eram disputas a respeito de propriedades. Por trás da instrução de Paulo está o pressuposto de que a igreja é fruto de uma nova realidade de Deus, realidade que distancia geograficamente a conduta cristã dos valores que se encontram fora da igreja. O princípio aqui é de que diálogo, conciliação, mediação e reconciliação são vitais na comunidade cristã.

A partir de 6.12, Paulo oferece alguns princípios éticos para eles lidarem com diversas situações. Esses princípios servem também para a igreja hoje, que tem alguns dos mesmos problemas daquela, enquanto outros não se aplicam ao nosso contexto. Com sabedoria e discernimento podemos aplicar esses princípios à nossa vida diária.

Liberdade cristã

"Todas as coisas me são lícitas", mas nem todas convêm (6.12). Paulo ensinou claramente aos gálatas sobre nossa liberdade em Cristo, nossa liberdade no Espírito (Gl 5.1-14). Não vivemos um cristianismo de legalismo rígido, ascetismo e proibições. Portanto, a liberdade tem limites. Se não, não é liberdade. Paulo também explicou às igrejas na Galácia sobre o perigo de satisfazer e ser dominado pelas "obras da carne" (Gl 5.19-21). Nesse versículo, Paulo aponta para o *equilíbrio*. Nem o sexo, nem o dinheiro, nem a comida ou bebida, nem o divertimento, nem as redes sociais devem *dominar* nossa vida. Outra coisa: o limite de minha liberdade é quando ofendo, firo ou escandalizo outra pessoa. Nesse caso, não convém, não é conveniente, não é sábio.

Ética do corpo humano

Já elaboramos no capítulo 6 alguns ensinamentos bíblicos sobre o corpo baseados na criação, integralidade, encarnação, ressurreição e consumação. Pondere sobre esta reflexão: "o que nos segreda a doutrina da encarnação é que Deus, eternamente, quis ter um corpo como o nosso" e que o "corpo redimido implica saúde, liberdade, justiça"[14].

---
14   ALVES, Rubem. *Creio na Ressurreição do Corpo*. 6ª. ed. (São Paulo: Paulus, 1984, pp. 7, 33.)

Conforme as narrativas em Gênesis, quando Deus criou o homem e a mulher, seres diferenciados e integrais com corpo, alma e mente, colocou-os em um jardim de diversidade, delícias e prazeres para os cinco sentidos. Imagine os cantos dos pássaros e os sabores das frutas! Isso inclui sua sexualidade. Carinho, comunhão, cuidado, o casamento no qual "os dois se tornarão uma só carne", a procriação, a família. Repare: o pecado não foi sua relação sexual. Foi sua rebeldia e desobediência. E uma consequência? Tiveram vergonha dos corpos. Vamos ouvir as palavras de Paulo.

O corpo é do Senhor

Escutem bem: ... *o corpo não é para a imoralidade, mas para o Senhor, e o Senhor, para o corpo* (6.13). A explicação foi insuficiente? É que o *corpo de cada um de vocês é membro de Cristo* (6.15). Quer entender melhor? O fato é claro: *vocês não pertencem a vocês mesmos... foram comprados por preço* (6.19s). São as inequívocas implicações teológicas da criação, crucificação e ressurreição.

Quais são as consequências práticas? Ninguém tem liberdade para fazer o que quer com seu corpo ou com o de outras pessoas. Meu corpo não é meu. Pertence a Cristo do mesmo modo que meu coração lhe pertence. Por isso, "... o corpo não é para a imoralidade". Qualquer desrespeito, abuso, violência ou uso como objeto do corpo de outro ser humano contra sua vontade ou sentimentos é pecado primeiramente contra o dono de nossos corpos e é para ser punido. O que rege nossas decisões morais nas relações humanas é nossa relação com Deus. É só lembrar quem fez e é dono de nossos corpos. *Fujam da imoralidade sexual!* (6.18a).

O corpo é santuário do Espírito Santo (6.19; 3.16; 2Co 6.16)

Antes de habitar em qualquer templo, Deus habita em cada cristão, em cada cristã. Nós estamos "em Cristo" e Cristo está "em nós", em nossos corpos. O corpo é bom. Mais: é sagrado. O corpo é a casa de nossa alma e mente. São inseparáveis, então devemos respeitar, honrar e cuidar de nossos corpos.

... glorifiquem a Deus no corpo

Como? Em tudo que fazemos "no corpo". Glorificamos a Deus na higiene, no vestiário, na alimentação, nos exercícios, no sono, no culto, no trabalho, no lazer, nos esportes, nos relacionamentos, no casamento, na família, nas emoções, no carinho, no amor. Em tudo *glorifiquem a Deus no corpo* (6.20; 10.31).

Com esse desafio, Paulo conclui seu apelo para a disciplina na comunidade (5.1 – 6.20). Nesses seis capítulos ele construiu um fundamento teológico para as palavras pastorais e missionais que se seguem em resposta às perguntas que a comunidade lhe fez.

Perguntas para reflexão e ação

- Como devem ser tratados os desafios da imoralidade dentro da igreja? Com que finalidade?

- Em um mundo de tanta violência, abuso e desrespeito aos corpos, como as igrejas devem prevenir, reagir e agir?

- Elabore sua "teologia" e prática cristã da parte física da nossa vivência a partir de 1 Coríntios 6.12-20.

- Dê exemplos de como você glorifica a Deus com seu corpo.

22

Superioridade, não! Amor, sim!

No que se refere às coisas sacrificadas a ídolos, sabemos que todos temos conhecimento. O conhecimento leva ao orgulho, mas o amor edifica. Se alguém julga conhecer alguma coisa, ainda não conhece como deveria conhecer. Mas, se alguém ama a Deus, esse é conhecido por ele.
— 1 Coríntios 8.1-3

Porque, sendo livre de todos, fiz-me escravo de todos, a fim de ganhar o maior número possível. Para com os judeus, fiz-me como judeu, a fim de ganhar os judeus; para os que vivem sob o regime da Lei, como se eu mesmo assim vivesse, para ganhar os que vivem debaixo da Lei... Aos sem lei, como se eu mesmo o fosse, não estando sem lei para com Deus, mas debaixo da lei de Cristo, para ganhar os que vivem fora do regime da lei. Fiz-me fraco para com os fracos, a fim de ganhar os fracos. Fiz-me tudo para com todos, a fim de, por todos os modos, salvar alguns. Tudo faço por causa do evangelho, para ser também participante dele. **— 1 Coríntios 9.19-23**

> *"Todas as coisas são lícitas", mas nem todas convêm; "todas as coisas são lícitas", mas nem todas edificam. Ninguém busque o seu próprio interesse, e sim o de seu próximo...*
>
> *Portanto, se vocês comem, ou bebem ou fazem qualquer outra coisa, façam tudo para a glória de Deus. Não se tornem motivo de tropeço nem para judeus, nem para gentios, nem para a igreja de Deus, assim como também eu procuro, em tudo, ser agradável a todos, não buscando o meu próprio interesse, mas o de muitos, para que sejam salvos.* **— 1 Coríntios 10.23s,31-33**

Em 1 Coríntios 8 a 10, Paulo responde a uma dúvida na igreja dos coríntios que estava gerando um mal-entendido entre eles: se o cristão deve ou não aceitar comida que antes já fora dedicada aos ídolos. Alguns na igreja se escandalizavam porque outros estavam querendo acompanhar os seus amigos pagãos nos seus jantares e nas suas festas, inclusive nos templos dos ídolos (8.10; 10.14-22). Por trás dessa questão pouco comum para os cristãos e cristãs hoje está uma questão maior, importante para todos nós: a questão da liberdade cristã (Rm 14) e a diferença de opinião dentro da igreja, tema que Paulo já vem abordando devido à sua importância. Ainda não há sinal de um acordo nas igrejas como aquele em Atos 15.29.

A prioridade do amor

Há vários conceitos conectados aqui. Paulo já mostrou o problema devastador do "orgulho" dos membros da igreja que pensam ser superiores na sua "sabedoria" ou "conhecimento". É um problema comum hoje entre pessoas com conhecimento bíblico e tradições doutrinárias fechadas. A mensagem central nesse capítulo é simples: Amor é mais importante do que conhecimento. *O conhecimento leva ao orgulho, mas o amor edifica* (8.1b; 4.6). É um alerta para nós! Sutilmente o conhecimento pode se tornar uma armadilha que produz arrogância e ódio. Porém, a finalidade do conhecimento é a *edificação* da comunidade cristã *em amor*, e não o engrandecimento da pessoa erudita. Tomar posições sobre usos e costumes ou temas éticos com ares de superioridade espiritual é um perigo a evitar.

A ética de saber o que fazer em determinada situação cultural e o amor aos irmãos e irmãs são conectados intimamente. O ponto central da orientação de Paulo é o lugar do amor como guia determinante em toda a conduta cristã (8.1-3; cap. 13). A liberdade cristã é limitada pelo amor (8.8-13). Além de ser o resumo de todos os mandamentos, "o amor edifica" as pessoas e a igreja e leva à maturidade, enquanto o orgulho espiritual causa divisões, desvios e destruição.

O princípio do amor (*agapē*) que Paulo recomenda aqui exige que o cristão ou cristã que *se julga mais forte*, e assim vê as proibições com mais discernimento, *abra mão de sua posição*, mesmo que a considere mais "certa", em prol da fragilidade da fé do seu irmão ou irmã, para não ofender o "mais fraco". Paulo afirma que o princípio do amor é mais forte do que o princípio do conhecimento, por mais certo que ele seja (8.1s). O amor nos leva ao respeito e consideração pela consciência das pessoas. Em resumo, os cristãos coríntios não devem frequentar as festas pagãs por causa do princípio da pedra de tropeço, do testemunho, da influência (8.7-13).

Entenderam? Para Paulo, os crentes mais abertos e flexíveis, que entendem a liberdade cristã, são os mais "fortes", e os membros da comunidade mais arraigados nas tradições e proibições são os mais "fracos". Contudo, Paulo acaba se identificando com os fracos: *Fiz-me fraco para com os fracos, a fim de ganhar os fracos* (9.22).

Infelizmente o pensamento prevalente nas igrejas evangélicas hoje é o contrário. Cristãos e cristãs que se julgam mais "fortes" e "sábios" frequentemente apelam para o princípio do "escândalo" para proibir certas expressões da fé (por exemplo, na música e nos trajes) daqueles que eles julgam como "mais fracos" e "liberais". É uma inversão do princípio que Paulo recomenda! No próximo capítulo, Paulo vai se referir a si mesmo como exemplo de quem possui direitos e liberdade, sem, contudo (como "mais forte"), insistir no seu uso, a fim de promover o Evangelho.

A prioridade da evangelização contextualizada

No capítulo 9, Paulo defende sua autoridade apostólica, como ele precisava fazer em quase todas as suas cartas. Hoje temos dificuldade para entender essa oposição, já que os pilares da fé cristã foram construídos em cima dos ensinos que encontramos nas cartas de Paulo. Porém, na época, seus ensinos ainda eram muito controvertidos, principalmente a dispensa da circuncisão para os gentios que aderiam à igreja. Isso parecia contradizer o entendimento da igreja como sendo o povo de Deus na continuidade do povo de Israel, pois a circuncisão era o principal sinal externo da aliança de Deus com Israel. Mas, no caso dos coríntios, Paulo enfrentava oposição de dois lados: da tradição cultural dos coríntios, que valorizava a erudição e a eloquência que Paulo não demonstrava; e dos falsos mestres (cristãos), que advogavam a tradicional circuncisão para todos os membros da igreja, inclusive para os gentios, que, no caso das igrejas fundadas por Paulo, eram a maioria.

Para Paulo, sua autoridade residia na sua vocação de proclamar o Evangelho, que, além de privilégio, era dever, obrigação, necessidade (9.16). Enfim, a evangelização era prioridade. Isso requeria identificação para levar a sério, ouvir e comunicar-se com as diversas pessoas. Flexibilidade. Versatilidade. Sensibilidade. Consideração. Respeito à diversidade. Sem excluir ninguém. Não uma abordagem empacotada ou pragmática. E isso não é relativismo cultural. É relevância cultural.

Veja seu foco e sentido de existir: *Tudo faço por causa do evangelho, para ser também participante dele* (9.23), participante na graça, no sofrimento e na missão de Jesus Cristo. Tudo se subordinava a essa finalidade missional prioritária, e Paulo abria mão de muitos direitos e liberdade em favor dessa sublime vocação, "a fim de ganhar o maior número possível" para o seu Senhor sem afastar, constranger, confundir, ofender, depreciar ou escandalizar ninguém (9.24-27). Ganhar pessoas era pescar gente (Mc 1.17), restaurar vidas, atrair, acolher e integrar novos membros na comunidade da fé.

No capítulo 10, Paulo continua com exemplos da história de Israel e conclui tratando novamente do consumo de comida sacrificada aos ídolos, condenando essa prática agora de forma mais radical do que no capítulo 8 e deixando para nós mais alguns ricos ensinamentos.

A prioridade absoluta é a glória de Deus

Portanto, se vocês comem, ou bebem ou fazem qualquer outra coisa, façam tudo para a glória de Deus (10.31; 6.20). Os limites da liberdade são o amor às pessoas e o amor a Deus. Santo Agostinho disse: "Ame a Deus e faça o que quiser". Por isso, toda decisão ética nossa deve visar à glória de Deus.

A prioridade da edificação

Paulo volta ao assunto vital da liberdade cristã. Repete a afirmação de 6.12: *"Todas as coisas são lícitas",* mas nem todas *convêm*, e acrescenta: *nem todas edificam* (10.23). A edificação traz unidade e coesão. Paulo amarra a conexão entre liberdade, amor e edificação, como faz com maestria em Efésios 4.15s. Talvez, o mais importante: *Ninguém busque o seu próprio interesse, e sim o de seu próximo* (10.24). Paulo reforça com seu testemunho, que serve de conselho valioso para qualquer liderança e evangelista. Sua estratégia evangelística era *ser agradável a todos, não buscando o meu próprio interesse, mas o de muitos, para que sejam salvos* (10.33). É um belo norte para qualquer crente, pastor ou pastora.

Perguntas para reflexão e ação

- Quem são os "fortes" e os "fracos" na igreja naquele tempo e hoje, no seu entendimento? Como isso afeta seu comportamento?

- Como as igrejas estão falhando hoje na prática do amor que edifica?

- O que a igreja precisa fazer para evangelizar com mais sensibilidade e contextualização?

- Como você entende a liberdade cristã?

23

Marginalização, não! Inclusão social, sim!

... vocês se reúnem não para melhor, e sim para pior... estou informado de que, quando se reúnem na igreja, existem divisões entre vocês... Quando, pois, se reúnem..., não é a ceia do Senhor que vocês comem. Porque, quando comem, cada um toma antecipadamente a sua própria ceia, e enquanto um fica com fome outro fica embriagado. Será que vocês não têm casas onde podem comer e beber? Ou menosprezam a igreja de Deus e envergonham os que nada têm? ... Nisto certamente não posso elogiá-los.

Porque eu recebi do Senhor o que também lhes entreguei: que o Senhor Jesus, na noite em que foi traído, pegou um pão e, tendo dado graças, o partiu...

Que cada um examine a si mesmo e, assim, coma do pão e beba do cálice. Pois quem come e bebe sem discernir o corpo, come e bebe juízo para si.

Assim, meus irmãos, quando vocês se reúnem para comer, esperem uns pelos outros. Se alguém tem fome, que coma em casa, a fim de que vocês não se reúnam para juízo. — **1 Coríntios 11.17-24,33s**

Você já viu uma igreja com tantos problemas e dúvidas? Provavelmente, sim. Talvez a sua. Percebeu, no capítulo anterior, a importância da contextualização cultural na evangelização? Hoje isso inclui o uso dos meios digitais da comunicação. Cada época tem suas particularidades. Está percebendo, também, como é vital entender a cultura daquela época, que o teólogo Karl Barth chamava de "o estranho mundo da Bíblia", para interpretar corretamente e aplicar os princípios bíblicos em nosso contexto?

Agora nos capítulos 11 a 14 Paulo continua a reagir a algumas informações que recebeu e responder às perguntas que a igreja lhe mandou sobre o culto da comunidade corintiana. Destaca-se a coletividade, e não a espiritualidade ou ética individual.

Igualdade no culto

Pois bem. No capítulo 11 encontramos mais dois exemplos de contextualização cultural que exigem nosso entendimento. 1 Coríntios 11.2-16 deve ser lido com cuidado, pois facilmente pode-se passar por cima da orientação clara de que, diante de Deus, homem e mulher são iguais: *No Senhor, todavia, nem a mulher é independente do homem, nem o homem é independente da mulher. Porque, assim como a mulher foi feita do homem, assim também o homem nasce da mulher; e tudo vem de Deus* (vv. 11s).

Sim, homens e mulheres são biologicamente diferentes, é parte da beleza da criação. Entretanto, "no Senhor", há uma relação de mutualidade e interdependência. Há uma parceria de complementariedade e cooperação. Essa posição é coerente com a confissão batismal em Gálatas: *não pode haver judeu nem grego; nem escravo nem liberto; nem homem nem mulher; porque todos vocês são um em Cristo Jesus* (3.28).

Você sabia que quem ajudou Paulo a fundar essa igreja e a instruir o próprio Apolo foi um casal, Priscila e Áquila, e que Priscila se destacava (At 18)? O próprio ministério de Paulo demonstra a cooperação de homens e mulheres. É só ver o papel da portadora da carta, a diaconisa Febe, e as nove líderes que ele saúda em Romanos 16.

O assunto aqui é o uso ou não do véu pela mulher "que ora ou profetiza" (11.5). Há muitas coisas que não estão claras nesse texto, mas de uma não há dúvida: a mulher orava e profetizava ou pregava no culto. Essa liberdade e direito não era questionado. Ou seja, existia igualdade de funções no culto. Ao advogar o uso feminino do véu, Paulo está aplicando ao contexto coríntio o princípio de que somente Deus deverá ser glorificado no culto. Quando alguém adota um costume cultural radicalmente diferente do comum, mesmo em nome da liberdade cristã, aquela pessoa acaba chamando atenção para si mesma. No culto, toda a nossa atenção deverá ser focalizada em Deus e na sua glória e feita com "decência e ordem" (14.40).

Por isso, precisamos refletir muito sobre o perigo de marginalizar as mulheres na igreja e excluí-las de certos ministérios. Como temos comentado várias vezes, João Calvino nos ensinou que é preciso interpretar qualquer texto à luz do contexto histórico-cultural e de todos os ensinamentos em toda a Bíblia sobre aquele tema.

Discernindo o corpo

Paulo conclui essa parte da carta com orientações pastorais sobre a ceia. Novamente é preciso entender o contexto. Paulo está falando sobre a refeição comunitária da qual a ceia fazia parte, começando com sua instituição na ceia pascal (Lc 22.7-30). A igreja em Atos costumava se reunir para "comunhão no partir do pão e nas orações" (At 2.42). Primeiro, uma alegre refeição comunitária, seguida pela ceia. É um momento de comunhão vertical com Deus e horizontal com toda a comunidade.

O que acontecia? Em Corinto, o oposto. Paulo se refere à situação dos belos banquetes das pessoas mais ricas. Elas se reuniam mais cedo e comiam e bebiam até se embriagarem. Viviam em função de si mesmas, visando aos seus próprios interesses. Quando as pessoas assalariadas saíam de seus serviços e chegavam, não havia mais comida para elas. Então os ricos tomavam a ceia com os membros mais pobres, que nem haviam sido convidados para as mordomias dos banquetes e estavam com fome. É o cúmulo: *vocês se reúnem não para melhor, e sim para pior* (1Co 11.17b). Valores corrompidos. Insensibilidade. Desigualdade. Individualismo. Egoísmo. Arrogância. Marginalização. Discriminação. Atitudes do povo da igreja! Há semelhanças em nossas ceias hoje?

Para Paulo, isso constituía uma grande contradição. Nesse momento, ápice da celebração em que *Jesus... pegou um pão e, tendo dado graças, o partiu e disse: "Isto é o meu corpo, que é dado por vocês; façam isto em memória de mim"* (11.23s), havia divisões em dois grupos, tema recorrente na carta (1.10-17; 3.1-4).

Efetivamente, "um só pão" partido na mesa do Senhor é o grande símbolo da igualdade e inclusão social em "um só corpo". Na partilha ao redor da mesa, todas as pessoas são incluídas, iguais e conectadas. Por isso, vem mais uma crítica dura: *Pois* quem come e bebe sem discernir o corpo, come e bebe juízo para si* (v. 29). *Discernir o corpo* aqui é uma questão de discernir a nossa identidade coletiva como "corpo de Cristo". É comunhão, partilha, solidariedade, inclusão. O exame de si mesmo é para ver se está em comunhão horizontal, com todas as relações "em dia". Se não, é preciso primeiro reconciliar-se (Mt 5.23s) e perdoar até 70 vezes 7 (Mt 18.21s; Lc 17.3s). Também se está investindo na responsabilidade social e diaconal da comunidade.

... há muitos membros, mas um só corpo

Pegando um gancho nessa prática equivocada, vamos ver um problema similar sobre o qual Paulo trata no capítulo 12 em relação aos dons espirituais. Ele usa a analogia do corpo humano para mostrar outra atitude incoerente sobre a coletividade do corpo de Cristo. O destaque é a unidade.

Os olhos não podem dizer à mão: "Não precisamos de você." E a cabeça não pode dizer aos pés: "Não preciso de vocês." Pelo contrário, os membros do corpo que parecem ser mais fracos são necessários, e os que nos parecem menos dignos no corpo, a estes damos muito maior honra. Também os que em nós não são decorosos revestimos de especial honra, ao passo que os nossos membros nobres não têm necessidade disso. Contudo, Deus coordenou o corpo, concedendo muito mais honra àquilo que menos tinha, para que não haja divisão no corpo, mas para que os membros cooperem, com igual cuidado, em favor uns dos outros. De maneira que, se um membro sofre, todos sofrem com ele; e, se um deles é honrado, todos os outros se alegram com ele. (1 Coríntios 12.21-26)

Isso poderia ter sido escrito hoje. Quais são as lições para nós aqui?

1. Respeitar a diversidade, a qual forma a unidade do corpo.
2. Todos os membros do corpo são necessários e têm dignidade.
3. A interdependência, a coparticipação e a cooperação são essenciais.
4. Não pode haver "estrelas" com mais importância na comunidade cristã.
5. Nunca pode haver distinção de classes sociais na igreja de Cristo.
6. O culto é a expressão da comunidade.
7. Deus coordena todos os membros com seus diversos dons no corpo.
8. A unidade é a marca da igreja. Diferenças não devem causar divisão (1.10; 11.18).
9. Empatia, solidariedade e cuidado mútuo são práticas vitais da comunidade.
10. Existe uma atenção e um cuidado especial com as pessoas mais necessitadas.

O desafio está aí. Ouça! Reflita! Pense nos relacionamentos comunitários. Aja!

Perguntas para reflexão e ação

- Como a sua igreja trata a vocação ministerial e a participação das mulheres no culto? O que você aprendeu de novo neste capítulo?

- Com quem você se identifica no relato da ceia nesse texto? Como essa leitura o fez se sentir?

- Quem são as pessoas que se sentem marginalizadas ou excluídas da mesa do Senhor na sua igreja? O que deve ser feito?

- Como você valoriza, interage e se solidariza com as pessoas com mais necessidades na sua igreja?

24

Diversidade, unidade e amor

Porque, assim como o corpo é um e tem muitos membros, e todos os membros... constituem um só corpo, assim também é com respeito a Cristo. Pois, em um só Espírito, todos nós fomos batizados em um só corpo, quer judeus, quer gregos, quer escravos, quer livres...

Ora, vocês são o corpo de Cristo e, individualmente, membros desse corpo. A uns Deus estabeleceu na igreja, primeiramente, apóstolos; em segundo lugar, profetas; em terceiro lugar, mestres; depois, operadores de milagres; depois, os que têm dons de curar, ou de ajudar, ou de administrar, ou de falar em variedade de línguas... Entretanto, procurem, com zelo, os melhores dons.

E eu passo a mostrar-lhes um caminho ainda mais excelente... — **1 Coríntios 12.12s,27-31**

O amor é paciente e bondoso. O amor não arde em ciúmes, não se envaidece, não é orgulhoso, não se conduz de forma inconveniente, não busca os seus interesses, não se irrita, não se ressente do mal. O amor não se alegra com a injustiça, mas se alegra com a verdade. O amor tudo sofre, tudo crê, tudo espera, tudo suporta.

O amor jamais acaba... Pois o nosso conhecimento é incompleto e a nossa profecia é incompleta. Mas, quando vier o que é completo, então o que é incompleto será aniquilado...

Agora, pois, permanecem a fé, a esperança e o amor, estes três; porém o maior deles é o amor. — **1 Coríntios 13.4-13**

Vamos interagir. Responda a uma pergunta. O que você já aprendeu até agora através de nosso estudo sobre 1 Coríntios?

Como pode ser percebido por meio da sua reflexão, Paulo oferece belas e valiosas lições para nós hoje. Agora, antes de prosseguirmos, vamos recapitular os principais assuntos sobre os quais Paulo trata nessa carta: a *desordem* dentro da igreja (1.11; 5.1; 11.18); as *divisões* na igreja entre grupos rivais (1.10-17; caps. 3 – 4); a *indiferença* em relação a casos de imoralidade flagrante (cap. 5); a *atitude de superioridade* espiritual (8.1 – 11.1); e a *marginalização* dos membros mais pobres da igreja (11.17-34; 12.20-26). Algumas pessoas também questionaram a *autoridade apostólica* (1.12; 3.1 – 4.5; cap. 9).

Em geral, 1 e 2 Coríntios chamam os coríntios à unidade e à concórdia, características daqueles que pertencem a Cristo. O ponto central da orientação de Paulo é o lugar do amor em toda a conduta cristã (8.1-3; cap. 13). Nos capítulos 12 a 14, Paulo oferece algumas instruções a respeito de manifestações espirituais e carismáticas no culto. É mister tratar esses três capítulos como uma peça só, semelhante ao conjunto de instruções sobre comer comida sacrificada aos ídolos nos capítulos 8 a 10.

Para iniciar a conversa, é interessante notar que a palavra "dons" (*charismata*) que ele usa em 12.4 não aparece no texto original em 12.1, mas está implícita. O que Paulo literalmente diz é algo assim: "a respeito de [coisas] espirituais...". Analisando esses três capítulos com cuidado, vemos que há outro ponto intrigante em que Paulo afirma: *Contudo, na igreja prefiro falar cinco palavras com o meu entendimento, para instruir os outros, do que falar dez mil palavras em línguas* (14.19). Não é no sermão, aula ou oração longa que ele aposta. Cinco palavras podem ser poderosas quando fixadas na memória e interiorizadas na prática. Com essa deixa, escolhemos cinco princípios contundentes em 1 Coríntios 12 a 14 (falaremos de três neste capítulo e dois no próximo).

O princípio da diversidade

O corpo de Cristo *tem muitos membros... quer judeus, quer gregos, quer escravos, quer livres...* (12.12s). Diversidade étnica, regional e socioeconômica. Entre esses membros da igreja, *os dons são diversos... também há diversidade nos serviços... E há diversidade nas realizações* (12.4-6). Isso faz parte da beleza do corpo como a diversidade faz parte da beleza da criação. Há diversidade nas vocações e nos ministérios da igreja. Além disso, há diversidade de interpretações e ênfases teológicas. E, especialmente quando se trata do entendimento e uso dos dons mencionados neste capítulo, a diversidade é uma marca de distinção entre igrejas. Devemos respeitar essa diversidade. Por isso, não vamos colocar aqui um entendimento de cada dom. Sublinha-se, portanto, a necessidade de respeitar a posição e o pensamento diferente do nosso e ouvir e aprender uns dos outros e outras. Nesses mesmos versículos que citamos, a ênfase está na unidade. Vejamos.

O princípio da unidade (1Co 12.12-27; 14.1-19; cf. 8.11-13; 10.17,22-24)

Preste atenção à origem e alvo comum: *os dons são diversos, mas o Espírito é o mesmo. E também há diversidade nos serviços, mas o Senhor é o mesmo. E há diversidade nas realizações, mas o mesmo Deus é quem opera tudo em todos* (1Co 12.4-6). A fonte e modelo de nossa unidade é a Trindade. Em nosso batismo comum com água, em nome do Pai, do Filho e do Espírito: *todos nós fomos batizados em um só corpo* (12.13). É fato: há um só batismo, com muita ou pouca água, e um só corpo (Ef 4.4s).

Outra coisa importante: *A manifestação do Espírito é concedida a cada um visando um fim proveitoso* (1Co 12.7). Assim, especificamente, devemos visar ao bem comum, à coletividade, à maturidade da comunidade. Nesse contexto, deve-se destacar a interdependência e a cooperação. Veremos mais sobre a edificação da igreja adiante. Sobretudo, o alvo final é sempre a glória de Deus.

Fica evidente que são dons da graça de Deus, conforme a vontade de Deus (12.11). Com isso, a tendência dos crentes coríntios de se orgulharem e sentirem superioridade espiritual não tem razão alguma. Convém gratidão e serviço humilde e fiel.

O princípio do amor

Como o princípio do amor fornece a chave do argumento de Paulo nos capítulos 8 a 10 (8.1-3), assim também o capítulo 13 rege a instrução a respeito das manifestações carismáticas nos capítulos 12 a 14, não obstante o fervor dos dons: *Ainda que eu tenha*

Diversidade, unidade e amor   201

o dom de profetizar e conheça todos os mistérios e toda a ciência; ainda que eu tenha tamanha fé, a ponto de transportar montes, se não tiver amor, nada serei (13.2). Ou seja, mostra a futilidade de todas as práticas religiosas sem o amor.

Como viver com a diversidade? Como conseguir unidade e concórdia em uma igreja plural? Como conviver com nossas interpretações e práticas diferentes? Como dialogar com pessoas difíceis? É só pelo amor, o dom supremo de Deus.

Deus é amor. A igreja é simplesmente uma comunidade de amor. É o amor que dá unidade na diversidade. É o amor que edifica (8.1). É o amor que governa e coordena o uso dos dons em ministérios diversos. É o amor que torna possível a convivência pacífica.

Talvez o maior desafio de cada cristão e cada cristã seja aprender a amar, uma lição que passamos a vida toda aperfeiçoando, errando, pedindo perdão e tentando de novo. Paulo diz aos coríntios, com todos os seus problemas: *procurem, com zelo, os melhores dons*, e segue a *mostrar-lhes um caminho ainda mais excelente* (12.31).

No entanto, vamos contemplar alguns dos passos nesse complexo e sublime caminho.

O amor é paciente e bondoso. As pessoas são imperfeitas, falhas, difíceis e diferentes. É impossível conviver sem muitíssima paciência. Amor bondoso quer e faz o bem às pessoas, e nunca o mal. Esse amor *não busca os seus interesses.* Visa aos interesses e ao bem da outra pessoa antes de tudo. O amor paciente *não se irrita* com o jeito, estilo ou comportamento das pessoas, nem *se ressente do mal* que alguém lhe tem feito.

O amor... não é orgulhoso. É humilde e transparente. Admite seus próprios fracassos. Não se julga melhor ou superior a pessoa alguma.

O amor tudo sofre, tudo crê, tudo espera, tudo suporta. Sim, sofre. O amor humilde é vulnerável e frágil. Abre-se e se dá, e assim corre o risco de ser ofendido, machucado, ignorado e até rejeitado, mas não perde a confiança e a esperança de que as pessoas podem melhorar e mudar. Suporta muita coisa... Calado. Não é fácil. É o processo do desenvolvimento de nossa salvação. Não conseguimos com nossos próprios esforços. É um dom da graça de Deus. Só Deus nos concede uma força descomunal e libertadora para sabermos amar.

Como se vê, coisas boas, até mesmo as manifestações divinas, podem ser empregadas erradamente na vida e na igreja cristã. Como saber? Aplicando os princípios do amor e da unidade na diversidade estamos no caminho certo.

Entretanto, procurem esse dom excelente dia a dia. Sem ele, não somos coisa alguma.

Perguntas para reflexão e ação

- Como as pessoas na sua igreja usam seus dons no culto? Faça uma lista de todos os diversos ministérios na sua igreja. O que está faltando ou precisa melhorar para valorizar a diversidade?

- Por que é tão difícil crer que há somente uma igreja? Por que não conseguimos superar as divisões e praticar a unidade na diversidade? O que fazer?

- Faça uma lista de pelo menos doze ações muito boas na igreja que se deterioram sem a prática do amor. Explique como isso ocorre.

25

Edificação e missão

Sigam o amor e procurem com zelo os dons espirituais, principalmente o de profetizar. Pois quem fala em línguas não fala para as pessoas, mas fala para Deus; ninguém o entende, pois, por meio do Espírito, fala mistérios. Mas o que profetiza fala para as pessoas, edificando, exortando e consolando. O que fala em línguas a si mesmo edifica, mas o que profetiza edifica a igreja.
— **1 Coríntios 14.1-4**

Portanto, as línguas constituem um sinal não para os que creem, mas para os que não creem; a profecia, no entanto, não é para os que não creem, e sim para os que creem. Assim, se toda a igreja se reunir no mesmo lugar e todos se puserem a falar em línguas, no caso de entrarem pessoas não instruídas ou não crentes, será que não vão dizer que vocês estão loucos? Porém, se todos profetizarem, e entrar ali um não crente ou não instruído, ele será convencido por todos e julgado por todos. Os segredos que ele tem no coração se tornarão manifestos, e, assim, prostrando-se com o rosto em terra, adorará a Deus, testemunhando que Deus está, de fato, no meio de vocês. — **1 Coríntios 14.22-25**

Sem dúvida há textos difíceis de se entender na Bíblia. Como já enfatizamos, em tudo precisamos considerar o contexto histórico-cultural. Nossa intenção neste livro, sobretudo, é focar nos ensinos claros e sua prática. Sobre as dúvidas que a comunidade corintiana tinha sobre o uso dos dons no culto, destacamos três princípios contundentes no capítulo anterior: diversidade, unidade e amor.

Após estabelecer esses fundamentos, no capítulo 14 Paulo destaca o tema do amor (v. 1) e depois trata mais especificamente o problema no culto deles. Parece ser uma questão de ênfase. Algumas pessoas estavam enfatizando de uma maneira desequilibrada o dom de línguas como o ápice da maturidade. Portanto, o resultado prático era confusão e desordem no culto, o que dividia a comunidade.

O que Paulo pastoralmente recomenda? Sem desprezar o dom de línguas, uma reflexão séria nos revela que Paulo aponta para a moderação e a boa comunicação através do dom de *profetizar* (14.1; 12.10,28).

O que é profetizar? Aprendemos com Moisés, Isaías, Jeremias e os outros profetas do Antigo Testamento, com João Batista e Jesus, o maior profeta, que profetizar é comunicar a mensagem de Deus para seu povo.

Com certeza aquela confusa comunidade de fé jamais imaginaria que posteriormente a igreja, com a orientação do Espírito, juntaria esta carta (e outra) que Paulo lhes escreveu, além de outras que ele escreveria para várias comunidades e as que outros apóstolos escreveriam, com os relatos da vida, ministério, morte e ressurreição de Jesus que quatro "evangelistas" mais tarde escreveriam (dois que acompanharam Paulo — Marcos e Lucas), e ainda as Escrituras hebraicas, que incluíam os grandes profetas do povo de Israel, tudo para formar a Bíblia Sagrada, onde se encontra a Palavra de Deus, a Mensagem de Deus para seu povo. Tampouco imaginaria que esta carta seria traduzida para o siríaco, latim e depois para milhares de idiomas dos povos do mundo. Tudo isso faz parte do plano missional de nosso Deus que se revela, que fala com seu povo (Hb 1.1s)!

Palavra e Espírito

Recebemos a Palavra de Deus! A partir de Pentecostes e a presença atuante do Espírito na vida da igreja, a prática profética do AT de denunciar injustiça social, hipocrisia e idolatria religiosa se faz principalmente através da *pregação* das Escrituras. Que privilégio e que responsabilidade temos de pregar essa mensagem!

Há no NT, também, alguma predição profética (At 11.27-30; 21.10s). Entretanto, qualquer profecia deve contribuir para promover (como no AT) o amor exclusivo a Deus (contra toda idolatria) e o amor concreto às pessoas (contra qualquer injustiça social). Também, a partir da descida do Espírito no Pentecostes, toda profecia que envolve uma predição do futuro requer "que os outros julguem" (*diakrinein;* discernir, v. 29-33; 1Ts 5.19-21), ou seja, que a comunidade avalie com discernimento.

O princípio da edificação

Paulo destaca a finalidade da profecia: *o que profetiza fala para as pessoas, edificando [oikodomeō], exortando e consolando... o que profetiza edifica a igreja* (1Co 14.3s). Profetizar hoje se faz mais amplamente através da pregação da Palavra que edifica, corrige, encoraja, instrui e consola a igreja.

Edificar é a palavra-chave em 14.1-19. Profetizamos ou pregamos "para que a igreja receba edificação" (v. 5). Paulo demonstra que a edificação requer o uso da mente, ou da razão, em uma "palavra compreensível" (v. 9), e que no culto é preciso despir-se de individualismo. Ele deseja a maturidade dessa comunidade e diz: *visto que desejam dons espirituais, procurem progredir, para a edificação da igreja* (v. 12). Uma igreja bem edificada está em progresso constante. Uma oração em línguas *pode ser muito boa, mas o outro* [que não entende coisa alguma] *não é edificado* (v. 17). No fim dessa parte, Paulo faz o que fez no capítulo 8 com seus direitos. Ele abre mão e diz: *na igreja prefiro falar cinco palavras com o meu entendimento, para instruir os outros, do que falar dez mil palavras em línguas* (v. 19). Concluindo: *Que tudo seja feito para edificação* (v. 26b). A cuidadosa e bem preparada instrução que edifica a comunidade vale mais do que qualquer experiência religiosa emocional.

Paulo quer deixar clara a tremenda importância da edificação e da instrução (veremos no volume 2 das Cartas como ele faz isso em Efésios 4). Isso tem um nome: educação cristã, educação religiosa, um ministério de extrema necessidade na igreja de hoje. Na nossa era de tanta informação e desinformação, carecemos de inteligência missional, de um entendimento dos ensinamentos da Palavra de Deus e seu impacto em nossa caminhada diária, nossa convivência comunitária e nossa fé pública. Abrange as doutrinas, a ética cristã e a missão. É uma das finalidades deste livro.

Por isso, agora Paulo parte para mais um princípio que seus ouvintes precisam considerar e ponderar.

O princípio da missão

Outro ponto também de grande significância neste capítulo é que Paulo aponta para o *objetivo missional* ou *missionário* (14.20-25). Ele começa apelando para que deixem as disputas infantis sobre quem tem os melhores dons e que "sejam pessoas maduras" (v. 20). Onde ele quer chegar?

Nesse sentido, é importante observar que a conduta do culto não visa apenas à edificação, pois possui também um propósito missional. Se o estranho ou convidada no nosso meio acha que, pela má ou confusa condução do culto (é o caso da manifestação do dom de línguas *sem* a interpretação durante o culto, não o dom em si), somos "loucos", então fracassamos miseravelmente no propósito missional do culto, mesmo que procuremos caprichar na expressão da glória prestada a Deus!

Precisamos resgatar essa dimensão do culto. Não somos um grupo fechado dentro de nossas quatro paredes. Não somos uma sociedade secreta. A igreja deve atrair, convidar e levar pessoas de fora. Deve receber bem todos/as os/as visitantes com sinceras boas-vindas. Em todas as partes do culto devemos usar uma linguagem accessível, clara e inclusiva, sem constrangimentos, para que pessoas de fora se sintam bem em nosso meio, com explicações claras, demonstrando e modelando o que se ensina e se prega, ou seja, precisamos ser uma comunidade de amor e respeito mútuo.

É essencial ter sermões objetivos com aplicações práticas para os membros da igreja, utilidade e sabedoria para visitantes e pessoas interessadas ou buscando algo e um gracioso convite para que elas se tornem discípulos e discípulas de Jesus e se integrem na comunidade cristã sem pressão alguma. É preciso que sejamos uma igreja aberta, uma comunidade terapêutica, restauradora, acolhedora, tendo Jesus, manso e suave, como convidado.

Enfim, o resultado natural e desejado do culto de uma igreja missional é que a pessoa de fora *adorará a Deus, testemunhando que Deus está, de fato, no meio de vocês* (v. 25b). Há algo diferente e real aqui. Aliás, uma igreja missional sempre deseja fazer sua parte de perto e de longe para alcançar a evangelização integral do mundo.

Mantendo estes cinco princípios em foco — diversidade, unidade, amor, edificação e missão — é possível ler a instrução de Paulo nos capítulos 12 e 14 com sabedoria e discernimento. Assim, veremos que o "problema" na igreja de Corinto (e entre as nossas igrejas) não são as manifestações extraordinárias de Deus, mas entender corretamente e colocar tudo no seu lugar com equilíbrio e bom senso.

Perguntas para reflexão e ação

- Quais são as dúvidas que você tem em relação aos dons espirituais?

- Até que ponto os cultos na sua igreja edificam a comunidade? Quais mudanças ela precisa fazer para que leve as pessoas a progredirem mais na fé e prática?

- Como uma pessoa de fora se sente quando visita sua igreja? O que vocês precisam fazer para que ela seja mais acolhedora?

26

A ressurreição do Corpo

Antes de tudo, entreguei a vocês o que também recebi: que Cristo morreu pelos nossos pecados, segundo as Escrituras, e que foi sepultado e ressuscitou ao terceiro dia, segundo as Escrituras. — **1 Coríntios 15.3s**

Mas, de fato, Cristo ressuscitou dentre os mortos, sendo ele as primícias dos que dormem. Visto que a morte veio por um homem, também por um homem veio a ressurreição dos mortos. Porque, assim como, em Adão, todos morrem, assim também todos serão vivificados em Cristo. Cada um, porém, na sua ordem: Cristo, as primícias; depois, os que são de Cristo, na sua vinda. E então virá o fim, quando ele entregar o Reino ao Deus e Pai, quando houver destruído todo principado, bem como toda potestade e poder. Porque é necessário que ele reine até que tenha posto todos os inimigos debaixo dos seus pés. O último inimigo a ser destruído é a morte. Porque "ele sujeitou todas as coisas debaixo dos seus pés". E, quando diz que todas as coisas lhe estão sujeitas, certamente exclui aquele que tudo lhe sujeitou. Quando, porém, todas as coisas lhe estiverem sujeitas, então o próprio Filho também se sujeitará àquele

> que todas as coisas lhe sujeitou, para que Deus seja tudo em todos. — **1 Coríntios 15.20-28**
>
> Eis que vou lhes revelar um mistério: ... todos seremos transformados... num abrir e fechar de olhos... então se cumprirá a palavra que está escrita: "Tragada foi a morte pela vitória". — **1 Coríntios 15.51s,54**

Como você tem refletido na Bíblia e nas meditações em nosso livro? A partir de suas ideias e doutrinas fixas ou com abertura para deixar-se orientar pelos valores e princípios do Reino de Deus? Lembrete vital: quem nos ensina é o Espírito. Sempre há mais para aprender. Novos ângulos. Novas perspectivas. Conversão contínua.

Vamos lá. 1 Coríntios 15 é o "capítulo" mais longo das cartas de Paulo. A palavra "capítulo" está entre aspas porque a divisão do Antigo e Novo Testamentos em capítulos e versículos realizou-se mais de mil anos depois de Cristo, visando à divulgação da tradução latina, a *Vulgata*. Logo, quando escreveu as cartas, Paulo as escreveu sem divisões em capítulos e versículos.

Mesmo assim, é possível dizer que Paulo gastou muita tinta com o assunto da ressurreição. Por quê? Aparentemente porque Paulo não teve tempo para completar o ensino a esse respeito quando estava entre os coríntios. Ou, quem sabe, a igreja não tinha maturidade para entender. O próprio apóstolo sempre ia se aprofundando no seu entendimento. É um exemplo para nós.

Supõe-se que Paulo havia pregado uma mensagem semelhante àquela que ele elaborou depois, na Carta aos Romanos (6.1-4; cf. Cl 3.1-4), e alguns coríntios, com base na formação cultural deles, que tendia para o "espetáculo", erroneamente deduziram que não iriam morrer e que já estavam experimentando a vida ressurreta!

Por isso, nessa passagem, Paulo dá outro enfoque, explicando que a ressurreição que experimentaremos é uma ressurreição *da morte*. Logo, é necessário *morrer* antes da ressurreição, salvo os vivos e vivas que Jesus encontrará no seu retorno (1Ts 4 – 5).

"Creio na ressurreição do corpo"

Confessamos isso no Credo Apostólico. Já percebeu que Paulo emprega muito nesta carta a palavra "corpo"? Contemplamos suas instruções a respeito do uso imoral do corpo em 1 Coríntios 5 – 6 e sua conclusão de que nosso corpo é santuário do Espírito Santo (6.19; 3.16; 2Co 6.16) e que em tudo *glorifiquem a Deus no corpo* (6.20; 10.31). Depois, no capítulo 11, Paulo cita as palavras de Jesus: *"Isto é o meu corpo, que é dado por vocês; façam isto em memória de mim"* (11.23s), referindo-se à sua morte física na cruz. Portanto, Jesus indica que o pão partido na mesa do Senhor se torna símbolo do corpo social que é preciso "discernir" (11.29). Nos capítulos 12 a 14 sobre os dons, Paulo desenvolve a ideia do corpo social com ênfase na diversidade, unidade, respeito e cooperação. Agora ele destrincha o significado da ressurreição para falar sobre o futuro do nosso corpo físico.

Ah, e um fato definitivo e inegociável: a ressurreição de Jesus Cristo e a nossa ressurreição corporal são a base para nossa fé e esperança. *E, se Cristo não ressuscitou, é vã a fé que vocês têm... Se a nossa esperança em Cristo se limita apenas a esta vida, somos as pessoas mais infelizes deste mundo* (15.17a,19).

Tudo isso nos leva a ponderar o seguinte: Deus nos fez *parte* da criação por meio dos nossos corpos, pessoas completas com corpo, mente e alma. Deus se fez corpo na encarnação. O Deus invisível se tornou visível em Jesus de Nazaré. Enviou seu Filho como corpo.

Nasceu, cresceu, comia, bebia, chorava, ria, estudava, trabalhava com as mãos, sentia tristeza, raiva e compaixão, sofria. Morreu e ressuscitou. Partiu o pão e assou peixe. Viram seu corpo subir aos céus. Está sentado à direita de Deus, reinando. Deus conosco, como corpo, sempre, preparando um banquete que alimentará os nossos corpos. Nosso corpo, dom de Deus, santuário do Espírito, destinado à eternidade. Corpo para sempre. Na espera. Na esperança.

A consumação do Reino

Promessa, redenção, restauração, alegria, ressurreição, "novo céu e nova terra" (Ap 21.1). Do jardim à cidade santa. N.T. Wright diz que a volta de Jesus não é o momento em que Cristo arrebata as pessoas para longe da Terra a fim de viverem com ele para sempre no céu, mas o momento em que ele retorna para reinar na Terra com aqueles e aquelas que estavam até então com ele no céu.

Cristo, as primícias; depois, os que são de Cristo, na sua vinda (v. 23)

A ressurreição de Cristo é uma extraordinária novidade. Rubem Alves diz que é um "aperitivo do futuro", os "primeiros frutos" do Reino, que "desperta nosso apetite" e nos faz "desejar" o futuro que Deus tem para nós. Ou seja, uma amostra. Corpos plenos, diferentes, livres de todo sofrimento, "vivificados em Cristo" e "transformados" (vv. 22,51s). Prontos para o banquete do Reino e os louvores perenes. Podemos imaginar um novo futuro.

A morte da morte

O Jesus crucificado ressurreto é e sempre será o vencedor! Ele vai *entregar o Reino ao Deus e Pai, quando houver destruído todo principado, bem como toda potestade e poder... e tenha posto todos os inimigos debaixo dos seus pés. O último inimigo a ser destruído é a morte* (15.24-26). O mal está presente e bem ativo no mundo e continuará sua luta contra o bem. Estamos nessa luta. Paulo sempre dizia e experimentava isso. Missão se realiza em meio à luta. Mas não devemos desanimar ou nos desesperar. Os dias do mal estão contados por Deus. Afinal, Deus está nessa batalha que decorre do livre arbítrio dado à humanidade, e a vitória já foi declarada.

Valdinei Ferreira esclarece que a esperança anunciada não é de que a nossa alma será finalmente libertada de nosso corpo para viver uma vida puramente imaterial. A esperança é de que este corpo, que partilha das fraquezas e dores deste mundo, será transformado para ser igual ao corpo glorioso do Cristo ressurreto. É a morte da morte. Fim do medo, fim da dor, fim das lágrimas, fim da morte, fim das armas, fim do ódio. Afinal, é a libertação total da corrupção. Reino de Deus. Nova criação. Um "mistério" (v. 51). A vida eterna no corpo redimido e transformado para ser como o corpo glorioso do Jesus ressurreto (15.35-48)! A vitória final do maior dos inimigos da humanidade, resultado da rebelde desobediência (Gn 2.17; 1Co 15.55-57).

Enquanto esperamos

Não devemos nos desviar ou amedrontar com os filmes e séries de horror sobre o apocalipse e o "fim do mundo", nem perder energia em discussões estéreis. Tudo está nas mãos do Deus soberano, excelso Criador, que reina e reinará eternamente. Essa é a esperança cristã que nos consola e move à missão, e é um bom motivo para cuidarmos de nossos corpos e os entregarmos a Deus para sua honra e glória.

Paulo deixa desafios que servem para nós, que buscamos a maturidade e queremos construir uma comunidade unida.

... *que Deus seja tudo em todos* (v. 28).

... *sejam firmes, inabaláveis e sempre abundantes na obra do Senhor, sabendo que, no Senhor, o trabalho de vocês não é vão* (v. 58).

Perguntas para reflexão e ação

- Qual é a importância da ressurreição na fé cristã?

- Medite sobre o corpo humano, sobre o que está sentindo no seu corpo e o que faz. Escute profundamente a si mesmo/a. O que a criação e as promessas de Deus sobre o corpo significam para você? O que você precisa mudar nas suas atitudes?

- De que maneiras concretas a redenção dos nossos corpos deve orientar nossa ação missional nessas situações concretas: condições de trabalho, saúde, habitação, água, agricultura sustentável, assistência médica, liberdade da violência, garantia de uma velhice digna?

- O que você precisa acrescentar na ação missional de sua igreja?

27

Solidariedade, planejamento, parcerias e amor

Quanto à coleta para os santos, façam também vocês como ordenei às igrejas da Galácia. No primeiro dia da semana, cada um de vocês separe uma quantia, conforme a sua prosperidade, e vá juntando, para que não seja necessário fazer coletas quando eu for. E, quando eu tiver chegado, enviarei, com cartas, aqueles que vocês aprovarem, para que levem a oferta de vocês a Jerusalém. Se for conveniente que eu também vá, eles irão comigo.

Irei visitar vocês por ocasião da minha passagem pela Macedônia... espero permanecer algum tempo com vocês, se o Senhor o permitir. Mas ficarei em Éfeso até o Pentecostes, porque uma porta grande e oportuna para o trabalho se abriu para mim; e há muitos adversários.

E, se Timóteo for, façam tudo para que não tenha nada a temer enquanto estiver entre vocês... Ajudem-no a continuar a viagem em paz...

> *Quanto ao irmão Apolo, muito lhe tenho recomendado que fosse visitar vocês em companhia dos irmãos, mas ele não quis de jeito nenhum ir agora; irá, porém, quando tiver oportunidade.*
>
> *Fiquem alertas, permaneçam firmes na fé, mostrem coragem, sejam fortes. Façam todas as coisas com amor...*
>
> As igrejas da província da Ásia mandam saudações. Também Áquila e Priscila mandam cordiais saudações no Senhor, juntamente com a igreja que se reúne na casa deles. **— 1 Coríntios 16.1-14,19**

Chegamos ao fim de 1 Coríntios. Carta longa, complexa e pesada. Assuntos cabeludos. Teologia profunda. Palavras pastorais bem elaboradas para solucionar o problema das divisões e promover a unidade e cooperação em amor. Paulo deve ter ficado com aquela expectativa e tensão sobre como iriam reagir e o que fariam.

Hora de terminar, enviar e deixar nas mãos de Deus. É impressionante o tanto que Paulo ensina até na conclusão de sua carta. Ele realmente não perdia oportunidades. Era um pastor/mestre nato. Vejamos quatro ensinamentos importantes aqui.

Solidariedade e contribuições

Algumas igrejas focam no seu culto a necessidade ou obrigação de contribuições financeiras. Paulo só menciona isso no fim. Porém, o foco não está no seu sustento, o dinheiro não é para ele, ou nas necessidades internas da comunidade local, mas na obra missional de assistência social, diaconia, solidariedade com quem está sofrendo. É um apelo à sensibilidade e generosidade.

O capítulo 16 começa dando instruções rápidas, mas abrangentes, sobre uma coleta específica que Paulo estava levantando em favor das igrejas em Jerusalém, as quais estavam passando por um grande aperto (Gl 2.10; 2Co 8 - 9). Era uma campanha com a participação das igrejas na Galácia, Macedônia e Acaia. Depois, descobriremos que essa coleta foi entregue pessoalmente por Paulo em Jerusalém (Rm 15.25-29). A saber: as igrejas mais novas iriam ajudar a igreja-mãe. Há ainda um significado teológico. A oferta dos cristãos *gentios* será entregue pelos próprios *gentios*.

A isso chamamos hoje de missão ao revés, missão de duas vias. É evidente na maneira como as igrejas do hemisfério sul estão auxiliando as do norte, especialmente na evangelização e revitalização.

Com a abolição do dízimo no Novo Testamento[15], esses versículos, junto com os capítulos 8 e 9 de 2 Coríntios, apresentam o ensino mais extensivo no Novo Testamento sobre a contribuição financeira cristã.

Essa oferta missional fazia parte da liturgia da comunidade reunida "no primeiro dia da semana", e todos e todas participaram com "uma quantia, conforme a sua prosperidade", sem dependência das pessoas ricas ou desprezo das pessoas com menos posses. Para ser bem democrático e transparente, sem motivos para qualquer suspeita, as pessoas que entregarão a coleta em Jerusalém serão escolhidas pelos coríntios.

---

15 Quando o dízimo é mencionado no Novo Testamento, somente nos Evangelhos e na Carta aos Hebreus, ele sempre participa do velho regime. Em todos os inúmeros relatos sobre as responsabilidades do cristão no restante do Novo Testamento dentro do novo regime, qualquer referência ao dízimo simplesmente desaparece. Como nas outras práticas religiosas judaicas, Cristo sempre exigia mais (não menos!) que o dízimo (veja o Sermão do Monte), e foi isso que a igreja primitiva entendeu (At 4.32 – 5.11).

Planejamento

A obra missional naquele tempo e hoje requer um cuidadoso planejamento estratégico. Não se deixa ao acaso. Paulo nos dá bons exemplos nas suas cartas. Ele tem a intenção de voltar a Corinto, e não só de passagem. Sabe que precisa passar um tempo devido à gravidade e complexidade dos problemas lá. Pudera! Mas não se encaixa agora. Ele está escrevendo de Éfeso, onde fundou a igreja com a ajuda de Priscila e Áquila, e sente a necessidade de ficar mais tempo lá, onde encontra *uma porta grande e oportuna para o trabalho... e muitos adversários* (1Co 16.9).

Quem abre as portas para o trabalho missionário? Quem nos dá oportunidades? É o Espírito quem dirige a igreja e a missão de Deus. Quando Deus abre portas e dá oportunidades, é preciso aproveitar. Se não, elas podem se fechar e não aparecer novamente. Contudo, além das oportunidades sempre haverá "adversários" e obstáculos que dificultam o trabalho. Faz parte.

O plano estratégico dele era passar primeiro na Macedônia, a região onde ficavam as igrejas menos problemáticas de Tessalônica e Filipos, para depois seguir para Corinto.

Parcerias na missão de Deus

É um princípio básico que percebemos na missão da Trindade e que Paulo adotou sempre. Missão em equipes. Paulo não deseja um voo solo ou ser uma estrela. Não trabalha sozinho. Ele menciona seus companheiros Timóteo e Apolo, que o ajudam no trabalho.

Solidariedade, planejamento, parcerias e amor 219

Vamos nos recordar do jovem Timóteo. Ele fez parte da equipe de Paulo e Silas, que estabeleceu a igreja em Filipos e depois em Tessalônica (At 16-18). Alguns meses depois que saíram de lá e foram para Corinto, Timóteo retornou para ver como estavam e levar notícias a Paulo. Agora, Timóteo está em Éfeso com a equipe, e Paulo o está enviando com essa carta. Devido às duras correções na carta, Paulo quer assegurar a boa recepção do jovem evangelista e que não descontem qualquer descontentamento com a carta ou até hostilidade nele. Paulo valoriza muito sua equipe e cuida bem dela.

Apolo foi instruído por Priscila e Áquila, que seguiram com ele para Éfeso, onde há uma "igreja que se reúne na casa deles" (At 18; 1Co 16.19). Depois Apolo se tornou um missionário eficaz em Corinto (At 18.24-19.1), e sabemos que ele era muito popular. Havia até uma célula que o tinha como líder preferido (1Co 1.12; 3.5-9). Agora ele estava com a equipe em Éfeso. A igreja corintiana poderia perguntar: Por que Paulo não enviou Apolo em vez de Timóteo? O apóstolo não é ingênuo e sabe ser diplomático em jogos "políticos". Enviar Apolo poderia colocar lenha na fogueira das divisões. Paulo considera Apolo um parceiro, e não um rival. Por isso, explica que *muito lhe tenho recomendado que fosse visitar vocês* (1Co 16.12), mas foi Apolo quem decidiu que não era hora de ir. Sábia decisão.

Paulo ainda menciona outros "cooperadores" (*synergeō*, trabalhar junto, parceiro). Sem parcerias não há trabalho efetivo. Juntos e juntas é sempre melhor[16].

---

16 Para se aprofundar no tema de parceria, veja GEORGE, S. *Participantes da Graça: Parceria na Missão de Deus* (São Leopoldo: Sinodal/CLAI, 2006), e GEORGE, S. *Juntos é Melhor: Convite ao diálogo missionário* (São Leopoldo: Sinodal/CLAI, 2013).

Façam todas as coisas com amor... (v. 14)

Falou tudo. É o resumo da ópera. O tema central e fio condutor de toda a carta (8.1-3; cap. 13). Fechou com chave de ouro para superar as divisões e rivalidades, unir-se na diversidade, lidar com a moralidade e a ética, relacionar-se no casamento e na igreja e usar os dons no culto. Enfim, a chave **em tudo**. Paulo elogiou os tessalonicenses pela prática do amor na comunidade e depois disse: "exortamos vocês a que progridam cada vez mais" nesse amor (1Ts 4.9-10).

O princípio que rege nossas vidas e toda obra da igreja é o amor, o amor, o amor!

Perguntas para reflexão e ação

- Procure extrair todos os princípios possíveis sobre a liberdade financeira do cristão diante das instruções de 1 Coríntios 16.1-4.

- Fazer planejamento da obra missional é comum na sua igreja? Qual é sua avaliação do planejamento e da sua realização?

- Por que é tão difícil trabalhar em parceria com outras pessoas e resolver nossas diferenças e discórdias? O que você faz em parceria na missão de Deus?

- Pense em três áreas concretas de sua vida pessoal e na sua igreja que precisam progredir no amor. Como vocês podem fazer isso?

28

Um relacionamento difícil e perdão

Porque a nossa glória é esta: o testemunho da nossa consciência de que com simplicidade e sinceridade de Deus, não com sabedoria humana, mas na graça divina, temos vivido no mundo, especialmente em relação a vocês...

Com esta confiança, eu queria primeiro ir encontrar-me com vocês, para que tivessem um segundo benefício. Queria, ao passar por aí, dirigir-me à Macedônia, e da Macedônia voltar a encontrar-me com vocês, sendo então encaminhado por vocês para a Judeia.

Eu, porém, por minha vida, tomo Deus por testemunha de que foi para poupar vocês que ainda não voltei a Corinto. Não que tenhamos domínio sobre a fé que vocês têm, mas porque somos cooperadores da alegria de vocês. Porque, pela fé, vocês estão firmes.
— 2 Coríntios 1.12,15s,23s

> *Porque lhes escrevi no meio de muitos sofrimentos e angústia de coração, com muitas lágrimas, não para que vocês ficassem tristes, mas para que soubessem do amor que tenho por vocês.*
>
> *Ora, se alguém causou tristeza, não o fez a mim, mas, para que eu não seja demasiadamente áspero, digo que em parte causou tristeza a todos vocês. Basta-lhe a punição imposta pela maioria. De modo que, agora, pelo contrário, vocês devem perdoar e consolar, para que esse indivíduo não seja consumido por excessiva tristeza. Por isso, peço que vocês confirmem o amor de vocês para com ele. E foi por isso também que eu lhes escrevi, para ter prova de que, em tudo, vocês são obedientes. A quem vocês perdoam alguma coisa, eu também perdoo.*
>
> — **2 Coríntios 2,4-10**

Sabemos que os coríntios sentiam orgulho de sua cidade. Era um próspero centro urbano com diversidade étnica, cultural e religiosa. Corinto tinha uma reputação de muita imoralidade, que infelizmente influenciava a igreja. A maioria dos membros era de pessoas simples, mas uma pequena elite prezava os discursos eloquentes de filósofos, gostava de poder no ministério e se sentia como superior espiritualmente.

Era uma igreja problemática para Paulo, tanto que precisava escrever várias vezes. Mesmo escrita *depois* de 1 Coríntios, 2 Coríntios não era a segunda carta dele à igreja.

Quantas cartas são no total?

Os coríntios escreveram para Paulo pelo menos uma vez com várias dúvidas (veja a expressão "quanto a..." em 1Co 7.1,25; 8.4; 12.1; 16.1,12), e ele lhes escreveu pelo menos quatro vezes. A primeira carta é mencionada em 1 Coríntios 5.9. Por isso, 1 Coríntios teria que ser pelo menos a segunda carta[17]. Paulo a escreveu de Éfeso (1Co 16.8). Em 1 Coríntios 16.5, Paulo falou de seu plano de visitar a igreja quando passava pela Macedônia. Enquanto esperava, ele enviou seu parceiro, Timóteo, que está escrevendo com ele (2Co 1.1), para Corinto (1Co 4.17; 16.10s).

Timóteo voltou para Éfeso com um relatório perturbador. Parece que o belo conselho de Paulo, que se transformou para nós em Sagradas Escrituras em 1 Coríntios, não foi acatado pela igreja toda. Depois de receber 1 Coríntios, infelizmente a situação da igreja piorou. Um grupo de missionários judeus cristãos chegou em Corinto e eles novamente questionaram a autoridade apostólica de Paulo (2Co 11.22s).

Impedido de realizar a visita planejada, Paulo agora resolveu viajar para Corinto. Lá ele prometeu que passaria novamente na volta da Macedônia (2Co 1.15s). Foi uma visita dolorosa (2Co 2.1-11; 7.12), porque alguém de Corinto havia lhe causado algum mal.

Pensando bem, Paulo decidiu que pastoralmente seria melhor não voltar com esse clima. Em vez disso, ele escreveu outra (terceira?) carta forte e talvez até com raiva, a "carta de lágrimas" (2Co 1.23-2.4; 7.5-11). Em vez de enviar Timóteo de volta para Corinto, Paulo enviou outro colaborador: Tito. Paulo não desistiu e valeu a pena. Deu resultados! Que alívio! Só que não

---

17 A enumeração das Cartas aos Coríntios, aos Tessalonicenses, a Timóteo, de Pedro e de João se refere à ordem das cartas conforme seu *tamanho* (sempre as maiores primeiro), e *não necessariamente* a ordem cronológica em que foram escritas.

gostaram de ele não ter voltado como havia prometido. Por isso, da Macedônia, resolveu escrever para explicar por que não foi.

A ocasião de 2 Coríntios

Eram tempos conturbados para a igreja. Uma relação tensa! Um desafio complexo. Inspira cuidados. Resiliente, inteligente e articulado, Paulo escreve a essa comunidade coríntia complicada. Era pelo menos sua quarta carta a eles[18].
Veja só todas as circunstâncias atrás dela:

1. a necessidade de plena reconciliação entre Paulo e a igreja toda e entre Paulo e o seu ofensor (2.5-11; 7.12);

2. a chegada dos opositores de Paulo em Corinto;

3. a sua desastrosa segunda visita à cidade;

4. o mal-estar e quase um rompimento na relação dele diante de parte da igreja de Corinto;

5. o problema contínuo de pecado e impenitência (12.20s);

6. a "carta de lágrimas" e

7. o bom relatório de Tito.

---

18 Alguns estudiosos cogitam até mais três correspondências escritas por Paulo para os coríntios, que podem estar embutidas em 2 Coríntios

Conflito e reconciliação

É hora de "discutir a relação". Nos capítulos 1 a 7, Paulo fala do seu relacionamento com a igreja em Corinto, explicando a razão de haver respondido tão duramente ao insulto e à oposição na igreja e expressando sua alegria pelo arrependimento e reconciliação deles. Paulo escreve com paixão e angústia, embora enfrente perigo e desapontamento, difamação e deslealdade na realização do seu serviço apostólico.

Em 1.1 – 2.13, Paulo quer reparar as arestas do passado para depois, em 2.14 – 7.4, falar sobre seu ministério entre os coríntios no presente. Ele começa se defendendo contra a acusação de aparente duplicidade de ter prometido outra visita aos coríntios (1Co 16.5-9) e não ter cumprido a promessa. A sua defesa se baseia na vida no Espírito, que sempre exige a disposição de mudar os planos, e se baseia também na misericórdia de Deus, que dá oportunidade para o arrependimento.

... simplicidade e sinceridade..., não com sabedoria humana, mas na graça divina (1.12)

Duas qualidades preciosas. Paulo se abre com toda transparência, essencial em qualquer relacionamento saudável. Nada de arrogância ou prepotência nele, coisa que muitos dos coríntios prezavam. A missão e o ministério cristãos só se fazem pela graça.

Em 1.23s e 2.4, a profunda preocupação e paixão pastoral de Paulo ficam evidentes. Ele abre seu coração comprometido com a comunidade no amor de Cristo. Amar dói (2Co 11.28s) porque há decepções e ofensas (2Co 10.10). Ele explica que simplesmente não voltou "para poupar vocês" (1.23; 2.2). Já havia feito uma visita difícil (2.1). Depois "lhes escrevi no meio de muitos sofrimentos e angústia de coração" a "carta de lágrimas". Às vezes é preciso fazer isso. Outro encontro poderia resultar em amargura e danoso conflito. Precisa-se dar um tempo. Ele deixa claro, entretanto, que não quer uma relação de dominação "sobre a fé que vocês têm", mas recíproca: "somos cooperadores da alegria de vocês". Nada de superioridade espiritual com ele. Cooperação e partilha. Compartilharam sofrimentos, conforto e agora, alegria. Corpo de Cristo.

Arrependimento e perdão

Paulo não foi para Corinto porque queria, através da sua "carta de lágrimas" (2Co 2.1-5), *que soubessem do amor que tenho por vocês* (2.4b), e desejava dar a oportunidade de arrependimento e perdão para os coríntios (2Co 2.1-5). Aconteceu um problema com um membro da igreja. Talvez algo durante a visita dolorosa de Paulo (2.1), ou o problema mencionado em 7.5-13, quem sabe tenha ocorrido após aquela visita breve. Pode ser que a pessoa tenha criticado os ensinamentos de Paulo. Seja o que for, a comunidade conjunta resolveu o problema e disciplinou o ofensor. Depois, a pessoa se arrependeu, que é o alvo de toda disciplina. Então, escreve Paulo, é hora de "perdoar e consolar" e mostrar amor (2.7s), ou seja, recuperar a pessoa e o relacionamento. Perdoar nunca é fácil para pessoa alguma, mas sempre necessário (Mt 6.14s). Paulo dá o seu exemplo. Sem mágoas. Vamos esquecer. Vamos em frente.

Duas observações finais sobre uma *boa liderança missional pastoral*:

1. Exige uma tonelada de paciência para corrigir erros, ou seja, amor exigente. Precisa dizer a verdade com rigor e firmeza, mas sem perder a ternura.

2. Talvez devido às emoções envolvidas, nessa carta temos um retrato singular da transparência, vulnerabilidade e fragilidade humana do apóstolo Paulo. É uma liderança marcada pela cruz de Cristo, humildade, sofrimento, serviço diaconal, amor e perdão.

É muita coisa para aprendermos.

Perguntas para reflexão e ação

- Pedir perdão é difícil. Perdoar talvez seja mais difícil ainda. Qual é a importância espiritual, emocional e física do ato de perdoar? Pode-se desenvolver alguns passos (3-5) fundamentais para perdoar alguém?

- Agora, identifique para si mesmo/a alguém que você precisa perdoar e desenvolva um plano para realizá-lo. São isentos dessa última tarefa aqueles que já atingiram a plena santificação.

- Hora da sinceridade e transparência sobre suas atitudes. Você se identifica mais com "Paulo", com os "coríntios" ou (porventura) com os "oponentes"? Explique. O que você aprendeu ao refletir sobre este capítulo? O que vai fazer como resultado?

29

Somos perfume e cartas

Graças, porém, a Deus, que, em Cristo, sempre nos conduz em triunfo e, por meio de nós, manifesta a fragrância do seu conhecimento em todos os lugares. Porque nós somos para com Deus o bom perfume de Cristo, tanto entre os que estão sendo salvos como entre os que estão se perdendo. Para com estes, cheiro de morte para morte; para com aqueles, aroma de vida para vida. Quem, porém, é capaz de fazer estas coisas? Porque nós não estamos, como tantos outros, mercadejando a palavra de Deus. Pelo contrário, em Cristo é que falamos na presença de Deus, com sinceridade e da parte do próprio Deus.

Estamos começando outra vez a recomendar a nós mesmos? Ou será que temos necessidade, como alguns, de entregar cartas de recomendação para vocês ou pedi-las a vocês? Vocês são a nossa carta, escrita em nosso coração, conhecida e lida por todos. Vocês manifestam que são carta de Cristo, produzida pelo nosso ministério, escrita não com tinta, mas com o Espírito do Deus vivo, não em tábuas de pedra, mas em tábuas de carne, isto é, nos corações.

> *E é por meio de Cristo que temos tal confiança em Deus. Não que, por nós mesmos, sejamos capazes de pensar alguma coisa, como se partisse de nós; pelo contrário, a nossa capacidade vem de Deus, o qual nos capacitou para sermos ministros de uma nova aliança, não da letra, mas do Espírito; porque a letra mata, mas o Espírito vivifica.*
> **— 2 Coríntios 2,14 – 3.6**

Lendo 2 Coríntios do início ao fim, não é difícil perceber que há algumas mudanças bruscas de tom e de assunto. É o caso aqui. Os detalhes sobre Paulo nos deixam com certa confusão. Não se preocupe. São como peças de um quebra-cabeça. Por isso, talvez haja pedaços de várias cartas compiladas aqui, mas isso não é problema.

Nos capítulos 3 a 5, Paulo vai defender a sua autoridade apostólica, ameaçada por algumas pessoas que o julgavam fraco por causa dos seus sofrimentos, e pouco impressionante porque não adotava o estilo favorito dos coríntios de falar com eloquência. Paulo consegue inverter o raciocínio dos seus opositores, mostrando que o sofrimento é evidência suprema de ser apóstolo, pois foi pelo sofrimento que Deus se revelou a nós na crucificação de Jesus. Assim, por meio do sofrimento, o ministério de Paulo, como o ministério de Jesus, manifesta nada menos que a glória de Deus e a transformação de vidas que tal ministério produz. Logo, as vidas coríntias transformadas são a prova de que o ministério de Paulo tem o aval de Deus.

O triunfo de Cristo

Para começar, Paulo usa três metáforas. A primeira compara Cristo vitorioso com um general romano chegando em Roma. Paulo se inclui na procissão como "conquistado" por Cristo (v. 14). Nós estamos nela também, como servas e servos do Cristo sofredor, que triunfou sobre a morte. Portanto, é importante nos lembrarmos de que esse "triunfo" não nos garante sucesso, prosperidade ou uma vida confortável sem lutas e sofrimentos. É a certeza de que o Cristo vivo vence sempre.

... a fragrância do seu conhecimento

A segunda metáfora flui da primeira. No triunfo de Cristo, Deus, *por meio de nós, manifesta a fragrância do seu conhecimento em todos os lugares* (2.14b). Paulo se coloca aqui como um instrumento que Deus usa para espalhar o Evangelho pública e universalmente. É a fé pública. O testemunho coerente na sociedade. Influenciadores/as do bem e do bem-estar comum. Presença e política pública nos espaços de saúde, educação, comércio, habitação, cultura, esporte e lazer. A fragrância da honestidade, integridade, empatia, solidariedade, igualdade e responsabilidade. A fragrância da sustentabilidade, da preservação da verde mata, dos rios limpos, do ar sem gases de estufa. Exalamos os desejos do Criador.

"Fragrância" nos lembra de "perfume". Quem não gosta de um gostoso perfume? Mulheres e homens estão nessa. Faz um bom presente. E quando sentimos no elevador o cheiro delicioso do perfume de quem já desceu?

... o bom perfume de Cristo (v. 15)

A terceira metáfora nos coloca como esse perfume. O Evangelho na sua essência é atrativo, chamativo, agradável, gostoso. Não é só denúncia de pecados. Não é só proibições e regras. Chama a atenção por sua beleza. O que é mais belo do que amor, paz, justiça, unidade e respeito? Vida plena. Quando "cheiramos" os valores do Reino de Deus, estamos demonstrando como é o Rei. Esse "perfume de Cristo" atua dentro e fora da comunidade cristã. Faz com que nossa vida comunitária seja agradável, harmoniosa, construtiva, desejada. A igreja deve ter "aroma de vida". Qualidade de vida, equilíbrio e saúde física, mental, emocional, espiritual. Nosso perfume também atrai as pessoas de fora. A evangelização se torna natural. Faz com que quem sente esse cheiro agradável contemple as opções de vida e morte e deseje o Evangelho, que se liberte do "cheiro de morte para morte" promovido pelas armas, violência, corrupção, destruição, imoralidade, ódio e egoísmo.

... mercadejando a palavra de Deus

Com essas belas metáforas, Paulo começa sua defesa. Talvez o tivessem acusado de trabalhar para ganhar dinheiro. Havia muitos mestres e filósofos naquele tempo que faziam isso. A prática se infiltrou nas religiões, até na igreja. Paulo está fora. Ele quer demover os focos de resistência a seu ministério e diz categoricamente: *nós não estamos, como tantos outros, mercadejando a palavra de Deus* (2.17a). Não poupou. Pisou no calo. E continua pisando hoje. Jesus expulsou os vendilhões religiosos do Templo (Mt 21.12s; Mc 11.15-17; Lc 19.45s). E hoje, como acontece a comercialização do Evangelho? Eis uma verdade inconveniente...

Novamente, Paulo afirma que *falamos... com sinceridade e da parte do próprio Deus* (2.17). Como é preciso sinceridade em nossas igrejas para haver credibilidade!

Cartas de recomendação

Era uma prática comum naquela época e até hoje. Quem viajava levava cartas de recomendação. Paulo sempre está recomendando pessoas parceiras nas suas (Rm 16.1s; 2Co 8.22-24). Vale muito hoje para conseguir um emprego. Portanto, existe a possibilidade de fraude, não é? O problema era que o grupo que chegou perturbando a igreja em Corinto trazia tais cartas.

Repare o que Paulo faz. Com sua integridade e sinceridade, ele não precisa dessas cartas. Porém, se precisar, *vocês são a nossa carta, escrita em nosso coração, conhecida e lida por todos* (3.2). Nossa autenticidade vem dos resultados de nosso ministério, dos frutos, das vidas transformadas. Leva tempo e envolve o coração em uma interação pessoal e emocional. Esse é um desafio para mães e pais, professoras e professores, pastores e pastoras, com implicações para quem administra empresas e governos e supervisiona pessoal. São oportunidades para moldar vidas!

Não bastam números, ofertas ou popularidade. Vale vidas transformadas. Vidas coerentes. Praticantes dos valores e ensinos do Reino. Jesus disse que o ramo que não produz frutos será cortado e jogado fora (Jo 15.2,6). Vidas incoerentes certamente são conhecidas e lidas na sociedade. São uma vergonha e escândalo para a igreja.

... escrita não com tinta, mas com o Espírito do Deus vivo (3.3)

É o segredo de vidas transformadas, de ministérios frutíferos e aprovados. A ação missional de Deus. Paulo depois mostra que a nossa competência, a "nossa capacidade vem de Deus", que nos chama. Não há motivo para soberba, superioridade ou autossuficiência. *Somos ministros de uma nova aliança, não da letra, mas do Espírito; porque a letra mata, mas o Espírito vivifica* (3.6). Na nova aliança que Jeremias anunciou e Jesus inaugurou (Jr 31.31-34; 1Co 11.25), não é um código de comportamento externo que nos habilita, mas a atuação interna do Espírito. O jugo e o fardo de Jesus não são pesados, mas leves e suaves (Mt 11.29), como um perfume agradável. O Espírito dá vida e liberdade (3.17) "em Cristo" de dentro para fora, e não doutrinas e regras rígidas de fora para dentro. Produz transformação e renovação evidentes nos valores e frutos do Reino (Mt 5.1-12; Gl 5.22s). Um ministério guiado pelo Espírito resulta em vidas *de glória em glória, na sua própria imagem* (3.18).

Enfim, apesar de todos os problemas, equívocos e deslizes da igreja em Corinto, Paulo não tem dúvidas de que o Espírito está agindo nos seus corações, transformando suas vidas e edificando uma comunidade cristã.

Perguntas para reflexão e ação

- Como e onde a "fragrância do conhecimento de Deus" exala da sua vida em espaços públicos? Quais são as áreas nas quais poderia estar mais evidente?

- De que maneiras o "bom perfume de Cristo" da sua vida e da sua igreja atrai pessoas ao Evangelho?

- Quais são as "cartas de recomendação" que sua vida e ministério têm produzido?

30

Somos vasos de barro

Temos, porém, este tesouro em vasos de barro, para que se veja que a excelência do poder provém de Deus, não de nós. Em tudo somos atribulados, porém não angustiados; ficamos perplexos, porém não desanimados; somos perseguidos, porém não abandonados; somos derrubados, porém não destruídos. Levamos sempre no corpo o morrer de Jesus, para que também a vida dele se manifeste em nosso corpo. Porque nós, que vivemos, somos sempre entregues à morte por causa de Jesus, para que também a vida de Jesus se manifeste em nossa carne mortal. De modo que em nós opera a morte; em vocês, a vida. — **2 Coríntios 4.7-12**

É difícil imaginar tanta maldade contra o apóstolo Paulo. Seus críticos reduziram sua humanidade com acusações falsas. Faz-nos até lembrar das milícias digitais hoje que usam as redes sociais para atacar reputações.

Pena que Paulo precisava gastar energia mental e emocional se defendendo desses *falsos apóstolos, obreiros fraudulentos, disfarçando-se em apóstolos de Cristo* (2Co 11.13) que estavam influenciando a igreja em Corinto. Mas, como ele mesmo explica:

não é de admirar, porque o próprio Satanás se disfarça de anjo de luz (11.14). É fácil enganar. Talvez esse fato nos ajude a ter uma consciência mais crítica e a pedir discernimento para que possamos identificar tais enganadores em nosso meio.

Contudo, o apóstolo não perde seu equilíbrio e foco. Não desanima e não desiste dos frutos de seu trabalho nessa igreja. No início do capítulo 4, Paulo fala com toda clareza que o seu ministério depende da *misericórdia que nos foi dada* (4.1). Não é apenas o resultado de seu preparo e esforços próprios. Ele não age com astúcia e segundas intenções, *adulterando a palavra de Deus* (4.2). É. Quanta gente faz isso hoje!

Nessa carta descobrimos muitas coisas sobre Paulo. Para se defender e corrigir os equívocos dos oponentes, ele acaba se expondo. Talvez seus acusadores tenham dito que ele era autocentrado ou egoísta. Por isso, ele esclarece: *não pregamos a nós mesmos, mas a Jesus Cristo como Senhor e a nós mesmos como servos de vocês* (4.5). Ele se coloca sempre como servo. Simplicidade e humildade. Poderoso é somente Deus.

Temos, porém, este tesouro em vasos de barro (v. 7)

Qual é o tesouro que temos? O campo ou pérola de grande valor (Mt 13.44s), que vale mais do que tudo nessa vida? Que tesouro é esse? Deus conosco (Mt 1.23). Jesus disse: *"Se alguém me ama, guardará a minha palavra; e o meu Pai o amará, e viremos para ele e faremos nele morada"* (Jo 14.23) e *"Permaneçam em mim, e eu permanecerei em vocês"* (Jo 15.4a). É a pergunta de Paulo: *Vocês não sabem que são santuário de Deus e que o Espírito* de Deus habita em vocês? (1Co 3.16). O tesouro é o Deus Trino. Deus habita em nós! Amor. Paz. Justiça. Sabedoria. Luz. Graça. Esse é o Evangelho.

Nossa fragilidade e vulnerabilidade

Quem são os "vasos de barro" que contêm esse precioso tesouro? Nós! Que privilégio, bênção e responsabilidade! Mas, para entendermos essa metáfora temos que recorrer às escrituras hebraicas. Afinal, era só isso que Paulo tinha. Voltando à criação, lemos em Gênesis 2.7 que o Grande Oleiro carinhosamente formou o ser humano "do pó da terra...". O mesmo pó ou composição química do restante da Terra. O mesmo cálcio, magnésio, zinco, colágeno, etc. Essa terra é frágil. Há desmoronamentos, terremotos, desgaste de minerais. Somos da terra!

"... e lhe soprou nas narinas o fôlego de vida". É o sopro divino da vida que nos faz um ser completo. Corpo, mente e alma. Porém, frágil, como um vaso de barro. Mas com raciocínio e liberdade. Deus disse: ... *da árvore do conhecimento do bem e do mal você não deve comer; porque, no dia em que dela comer, você certamente morrerá* (Gn 2.17). Deixaram-se levar pela sedução do mal. Escolheram independência. Desobedeceram. E as consequências? O trabalho será suado *até que volte à terra, pois dela você foi formado; porque você é pó, e ao pó voltará* (3.19). Somos vasos de barro! Finitos, frágeis, vulneráveis às doenças, ao enfraquecimento, à morte.

É nossa condição humana. Portanto, Deus nunca abandona ou desiste de sua criação. O profeta Jeremias foi à casa do oleiro e nos ajuda a entender. O que ele observou? *Como o vaso que o oleiro fazia de barro se estragou nas suas mãos, ele tornou a fazer dele outro vaso, segundo bem lhe pareceu* (Jr 18.4). É o que Deus faz conosco. O pecado nos estragou, nos corrompeu. Contudo, Deus quer fazer de nós um vaso novo! Enfim, somos pecadores e pecadoras em recuperação. Ao mesmo tempo, somos santas e santos em construção. Paulo acabou de falar aos coríntios sobre esse processo de transformação gradual e contínua: *somos transformados, de glória em glória, na sua própria imagem, como pelo Senhor, que é o Espírito* (2Co 3.18). É uma transformação de nossa mente e espírito que naturalmente afeta nosso corpo.

Na outra carta, ele explicou que a transformação total do corpo, que vai virar pó na morte, acontecerá na consumação (1Co 15). Agora acrescenta: *sabendo que aquele que ressuscitou o Senhor Jesus também nos ressuscitará com Jesus e nos apresentará juntamente com vocês* (2Co 4.14). É o que Deus mostrou ao profeta Ezequiel no vale de ossos secos (Ez 37.5-10). Como Paulo já disse, *o Espírito vivifica* (2Co 3.6b).

Fraqueza humana e poder divino

Paulo procede para se abrir e mostrar com toda transparência a sua experiência de vida e morte, de vulnerabilidade e graça. Olhando para a vida dele, parece que era nada mais do que um simples e barato vaso de barro. Portanto, era portador de um tesouro valioso — a graça de Deus, o poder de Deus.

Quer ver como funciona a vulnerabilidade de quem é possuído por Deus? Paulo dá quatro exemplos pessoais (há mais em 2 Coríntios 11.23-28) de fraqueza humana e graça divina.

Em tudo somos atribulados, porém não angustiados... A palavra "atribulado" aqui significa sofrer forte pressão, aborrecimento, aflição. É o que seus oponentes e os grupos rivais nessa igreja fizeram. Não foi mole. Mas, além de não ceder, ele não deixou a angústia derrotar ou tomar conta dele. Isso é viver pela graça e força divina.

... *ficamos perplexos, porém não desanimados...* As atitudes, tropeços e mudanças nos membros da igreja divididos em grupos rivais, depois influenciados por enganadores, certamente o deixou perplexo e triste. Foi difícil. Porém, ele não entrou em desespero, não perdeu a esperança no transcendente poder transformador de Deus neles.

... *somos perseguidos, porém não abandonados...* Foi uma coisa repetida no ministério de Paulo e suas equipes. Escapou de Damasco em um cesto (At 9.25), ele e Barnabé foram expulsos de Antioquia (At 13.50), foi apedrejado em Listra (At 14.19), ele e Silas foram açoitados e presos em Filipos (At 16.23) e assim vai. Mas Deus nunca os abandonou (Sl 124.8)! Nesse momento de problemas em Corinto, não o faria.

... *somos derrubados, porém não destruídos.* Já foi nocauteado muitas vezes. Já sofreu muitas críticas ácidas e acusações absurdas. É impressionante tudo o que ele aguentou. Para encurtar a história, diríamos que Paulo tinha resiliência, a arte de resistir a pressões para superar problemas. As crises, em vez de o desestruturarem e destruírem, apresentaram oportunidades. Ele extraía do sofrimento combustível para a solidariedade humana. Em bom português, é como fazer do limão uma limonada.

Como explicar essa postura do apóstolo *teologicamente*? *Levamos sempre no corpo o morrer de Jesus e somos sempre entregues à morte por causa de Jesus* (2Co 4.10s). Na sua encarnação ou existência humana, sofrimento, humilhação e morte, Jesus também parecia um vaso de barro. Ele se solidarizou com nossos sofrimentos e tomou sobre si nossos pecados. Depois nós o seguimos, tomamos nossa cruz (Mc 8.34) e compartilhamos seus sofrimentos (Gl 2.19; Rm 6.3-5). Como Paulo já lhes disse, *dia após dia, morro* (1Co 15.31a). É um processo contínuo de esvaziar-se do ego. Como é possível? É o tesouro que temos! É a graça em nós. O amor de Deus. O Cristo crucificado e ressurreto está em nós. Sofremos "para que também a vida de Cristo se manifeste em nosso corpo". É o poder transformador da ressurreição em nós. Não somos nós que vivemos, vencemos e ministramos, mas a vida de Cristo em nós (Gl 2.20). Sua conclusão amorosa é surpreendente: *De modo que em nós opera a morte; em vocês, a vida* (4.12). Tudo que Paulo tem sofrido é para gerar vida no sentido mais pleno, maturidade na fé, transformação constante na comunidade em Corinto.

Perguntas para reflexão e ação

- Qual é o significado e a importância do tesouro que está dentro de você?

- De quais maneiras você sente sua fragilidade e vulnerabilidade como "vaso de barro"?

- Como você e sua igreja sofrem por causa de Cristo e como experimentam a graça transformadora de Deus para superar isso?

31

Somos nova criação, ministros da reconciliação

Pois o amor de Cristo nos domina, porque reconhecemos isto: um morreu por todos; logo, todos morreram. E ele morreu por todos, para que os que vivem não vivam mais para si mesmos, mas para aquele que por eles morreu e ressuscitou. Assim que, nós, daqui por diante, a ninguém conhecemos segundo a carne; e, se antes conhecemos Cristo segundo a carne, já agora não o conhecemos deste modo. E, assim, se alguém está em Cristo, é nova criatura; as coisas antigas já passaram; eis que se fizeram novas.

Ora, tudo isso provém de Deus, que nos reconciliou consigo mesmo por meio de Cristo e nos deu o ministério da reconciliação, a saber, que Deus estava em Cristo reconciliando consigo o mundo, não levando em conta os pecados dos seres humanos e nos confiando a palavra da reconciliação.

Portanto, somos embaixadores em nome de Cristo, como se Deus exortasse por meio de nós. Em nome de Cristo, pois, pedimos que vocês se reconciliem com Deus. Aquele que não conheceu pecado, Deus o fez pecado por nós, para que, nele, fôssemos feitos justiça de Deus.
— **2 Coríntios 5.14-21**

Estamos em uma jornada nesta terra. Caminhamos nas estradas poeirentas da vida com Jesus ao nosso lado e dentro de nós. É um processo de aprendizado, conversão, renovação e crescimento todos os dias. Tropeçamos e nos levantamos. Nessa caminhada, *andamos por fé e não pelo que vemos* (5.7). Essa afirmação é simples e diz tudo.

É um exercício diário andar com os pés no chão e com os olhos espirituais fitos na consumação do plano restaurador de Deus. Mais relevante: temos esperança! Quando entendemos isso, adquirimos uma nova perspectiva sobre o sofrimento nesta vida.

Sim, há muitos mistérios que não entendemos, perguntas sem respostas completas. Mas andamos pela fé. Paulo inicia o capítulo 5 com algumas metáforas sobre a vida e a morte, sobre o presente e o futuro, sobre nossa prestação de contas. São ponderações da imaginação. Convém, portanto, confiar, caminhar e deixar os detalhes para Deus.

Pois o amor de Cristo nos domina (v. 14)

É a chave de tudo. É a fonte e a motivação de toda atitude e ação missional. O que une pessoas que pensam diferente? O amor de Cristo. O que motiva o ministério em meio a oposição e fracassos? O amor de Cristo. O que elimina o ódio? O amor de Cristo. O que edifica uma comunidade cristã imperfeita? O amor de Cristo. Paulo reverbera seu sublime poema de 1 Coríntios 13.

... os que vivem não vivam mais para si mesmos, mas para aquele que por eles morreu e ressuscitou (v. 15)

É isso mesmo. A orientação e o foco de nossa vida agora é Cristo crucificado e ressurreto. Seguindo o seu exemplo, não vivemos mais como egoístas, com nosso individualismo só a favor de nossos próprios interesses e benefícios.

E, assim, se alguém está em Cristo, é nova criatura (ao pé da letra, "nova criação"); *as coisas antigas já passaram; eis que se fizeram novas* (v. 17). Primeiro, vamos dizer quais "coisas antigas" não devemos deixar para trás: nossas raízes, nossa cultura, nossa história, nossa identidade. Perguntamos: O que devemos deixar para trás? Devemos parar de desrespeitar e discriminar as pessoas diferentes de nós. Parar de praticar a desonestidade, a violência, a corrupção e a imoralidade. Deixar a arrogância, o orgulho, a ganância, o ódio, a calúnia, a inveja, o descontrole e a falsidade para trás.

O que significa estar "em Cristo" e ser uma "nova criação"? Não é apenas assentimento mental a doutrinas e novas regras ritualísticas e éticas. Estar "em Cristo" é ter comunhão e compromisso com Deus. É ver tudo na vida de uma nova perspectiva. É submeter-se a um novo controle: o amor de Cristo, a transformação do Espírito Santo (Rm 12.2). É evidenciar o fruto do Espírito (Gl 5.16). É buscar e fazer a vontade soberana de Deus, e não a nossa. É amar quem nos ama e quem não nos ama (1Jo 4.19). Difícil.

Contudo, Cristo morreu por todos os seres humanos (2Co 5.15) e, sim, por toda a criação (Ef 1.10; Cl 1.20)! É respeitar, perdoar, ser responsável e sensível. Praticar a solidariedade com as pessoas necessitadas. Viver com integridade e caráter. Fazer o bem a todas as pessoas. Contribuir para o bem comum da sociedade e a conservação do planeta. Caminhar na direção de e contribuir para o Novo Céu e a Nova Terra previstos em Apocalipse 21.1-5, que já estão em construção por nós, a (já) nova criação! Promover políticas públicas que diminuem as desigualdades sociais e econômicas.

... o ministério da reconciliação (v. 18)

Firmado nessas constatações teológicas, Paulo volta ao tema e defesa de seu próprio ministério. Tudo é consequência da ação missional de Deus, "que nos reconciliou consigo mesmo por meio de Cristo". A reconciliação está no centro da mensagem e missão do apóstolo. A palavra significa "um retorno à comunhão". Lembramo-nos da ruptura dessa comunhão em Gênesis 3. A partir daquele momento, a reconciliação e a restauração se tornaram o projeto missional do Criador (Êx 19.5s). A reconciliação opera em vários níveis. Vamos por partes.

Primeiro e primordial, pela morte e ressurreição de Cristo, Deus *nos reconciliou consigo... o fez pecado por nós, para que, nele, fôssemos feitos justiça de Deus* (2Co 5.21b). É nossa justificação pela fé. Repare bem. Foi Deus quem tomou a iniciativa. Convida, possibilita e restaura nossa comunhão plena e paz com o divino (Rm 5.1,10s; Ef 2.16; Cl 1.20). Assim, restaura nossa condição original de guardiões da sua criação, o alvo último da reconciliação de Cristo e o nosso ministério (Ef 1.10-23; Cl 1.13-23). Paulo desenvolve esses temas a fundo nas suas cartas aos Gálatas, Romanos, Efésios e Colossenses.

... somos embaixadores em nome de Cristo, como se Deus exortasse por meio de nós (v. 20)

Adicionalmente, quem se reconcilia com Deus recebe a responsabilidade de transmitir esse convite, essa mensagem às outras pessoas alienadas de Deus e perdidas na sua condição pecaminosa. É nossa tarefa missional. Somos instrumentos da missão restauradora de Deus, que age por meio de frágeis vasos de barro. Ou, como Paulo já vai dizer, somos "cooperadores" com Deus (6.1). Trabalhamos em parceria com Deus.

Embaixadores diplomáticos são representantes de uma nação. Fazem interações e mediações. Agem em nome do governo. Nós representamos o Reino de Deus e o Rei Jesus. É uma grande e séria responsabilidade e privilégio. Requer coerência e sabedoria. Devemos ser fiéis e refletir os valores e princípios do governo de Deus.

Uma comunidade reconciliada e reconciliadora

Em Efésios 2.14-17, Paulo vai estender a reconciliação para outro âmbito — a reconciliação de judeus e gentios no corpo de Cristo, reconciliação essa baseada no fato de que ambos estão reconciliados com Deus "em Cristo". Portanto, a igreja é uma comunidade reconciliada e reconciliadora. Para pregar a mensagem de reconciliação com Deus, é preciso que haja unidade, e não divisões, rixas e rivalidades dentro da igreja (1Co 1.12s;

6.1-6; 11.18). Quem tem paz com Deus deve procurar paz com todas as pessoas, ser um modelo de reconciliação.

É verdade. O ministério da reconciliação funciona nos níveis individual e coletivo. Vamos a eles. Jesus mostrou que uma pessoa não pode participar de ritos litúrgicos e dizer que tem paz e comunhão com Deus se não tiver com as pessoas (Mt 5.23s).

Paulo já deu uma advertência incisiva sobre a necessidade de "discernir o corpo", ou estar em comunhão com todos na comunidade social, para tomar a Ceia (1Co 11.29). Nesse contexto da ceia da comunidade em Corinto, Paulo destaca o nível comunitário. É preciso a reconciliação e comunhão de diferentes grupos socioeconômicos na igreja.

Ele inicia essa carta falando sobre conflito, reconciliação, arrependimento e perdão na comunidade e no seu relacionamento com eles (1.1 – 2.13).

Podemos ir além e pensar nas divisões entre raças ou etnias na sociedade, entre regiões e nações, polarizações políticas, ideológicas e religiosas. Em suma, a igreja reconciliadora deve ser um instrumento de reconciliação na sociedade e no mundo.

Não tem como não refletir criticamente em nossos relacionamentos pessoais e nas divisões em nossa igreja e sociedade, não é? Afinal, para que existe a igreja? Para reconciliar as pessoas com Deus e umas com a outras. Uma comunidade reconciliada e reconciliadora, promovendo o amor, a paz e a justiça — sinais do Reino de Deus.

Perguntas para reflexão e ação

- Descreva todas as maneiras pelas quais o amor de Cristo impacta seu comportamento diário e domina sua vida e ministério.

- Reflita sobre as atitudes e ações "antigas" que você já deixou para trás. Quais ainda estão presentes? O que você vai fazer à luz dessa passagem?

- Pense nas pessoas com as quais você tem uma rixa, mágoa ou ruptura. O que vai fazer à luz dessa passagem?

- Sua igreja é uma comunidade unida e reconciliadora? Se não, o que precisa fazer? Se sim, dê exemplos concretos. Como ela deve agir na sociedade para promover a reconciliação e a paz?

32

Liderança sacrificadora

... *em tudo nos recomendamos como ministros de Deus: na muita paciência, nas aflições, nas privações, nas angústias, nos açoites, nas prisões, nos tumultos, nos trabalhos, nas vigílias, nos jejuns, na pureza, no saber, na paciência, na bondade, no Espírito Santo, no amor não fingido, na palavra da verdade, no poder de Deus; pelas armas da justiça, tanto para atacar como para defender; por honra e por desonra, por infâmia e por boa fama; como enganadores e sendo verdadeiros; como desconhecidos, mas sendo bem-conhecidos; como se estivéssemos morrendo, mas eis que vivemos; como castigados, porém não mortos; como entristecidos, mas sempre alegres; como pobres, mas enriquecendo a muitos; como nada tendo, mas possuindo tudo.*

Ó coríntios, temos falado com toda a franqueza e estamos de coração aberto para vocês. Nosso afeto por vocês não tem limites; vocês é que estão limitados em seu afeto por nós. Ora, como justa retribuição — e falo a vocês como a filhos — peço que também vocês abram o seu coração para nós. — **2 Coríntios 6.4-13**

A vida é feita de escolhas e decisões. Deus nos criou com essa liberdade e responsabilidade. Não somos robôs. Há momentos em que não podemos nos esquivar e "ficar no muro". Após tudo que já falou nessa carta, no capítulo 6, chegou a hora de Paulo exigir uma postura por parte dos coríntios. Eles devem resolver de uma vez para sempre com quem eles estão. Aqueles que estão a favor de Paulo devem se separar daqueles que estão contra ele.

Por isso, aqui ele resume a natureza de seu ministério e caráter. O testemunho de vida é tão sério e importante quanto as palavras da mensagem. A vida cristã saudável, sincera, coerente, ética e amorosa é o que confirma a atuação da graça de Deus em nossas vidas. Mensagens maravilhosas, bíblicas e eloquentes, transmitidas por pessoas que vivem em pecado, serão apenas um "escândalo" e devem ser "censuradas" (6.3).

Dietrich Bonhoeffer era um pastor e teólogo luterano na Alemanha, diretor de um seminário que foi fechado pelos nazistas na época da Segunda Guerra Mundial. Foi preso e desenvolveu uma rotina de contemplação e criatividade disciplinadas. Escreveu muito no campo de concentração, onde foi executado aos 39 anos. Um de seus livros mais conhecidos é *O Preço do Discipulado*.

O preço do ministério

Muito se fala do preço do discipulado, ecoando as palavras de Jesus em Lucas 14.25-33. Exige abnegação, sacrifício, escolhas, prioridades. Contudo, não se fala tanto sobre o preço do ministério. Aliás, hoje no Brasil parece que algumas pessoas optam pelo ministério como profissão, e não como vocação. Ou seja, pensam mais nos benefícios próprios — fama, dinheiro, influência e poder — do que nos seus sacrifícios e o bem-estar total dos membros de sua comunidade. Só querem templos lotados e cofres cheios.

Para entender bem o preço do ministério ou de uma liderança sacrificada, é só olhar para o lindo retrato de Paulo que temos nessa carta. Ele teve uma vida repleta de sofrimento e sacrifício. É inerente ao trabalho ministerial e missional. Paulo exemplifica o que o Salmo 126 diz sobre semear com lágrimas e ceifar com júbilo, sem se inflar, se ensoberbecer ou se fazer de vítima.

... em tudo nos recomendamos como ministros de Deus (6.4)

O apóstolo já disse que os próprios membros da igreja, fruto do trabalho de sua equipe, são suas "cartas de recomendação" (3.1). Sua intenção em 6.1s é praticar a reconciliação sobre a qual falou em 5.16-21. Reconciliar-se com seu rebanho rebelde.

Para concluir sua defesa, ele oferece *com toda a franqueza e... de coração aberto* (6.11), ou seja, com toda transparência e carinho, um resumo de sua vida missional, com destaque para seus sofrimentos e angústias. A credencial mais importante na vida de um pastor ou pastora, ou qualquer líder, é sua vida, seu caráter, a prática coerente de sua mensagem. Vale a pena nos determos no relato da vida e trabalho desse missionário e pastor exemplar.

É curioso notar que Paulo usa duas palavras traduzidas como "paciência". Talvez seja o fruto do Espírito que mais precisamos na vida e ministério cristãos. Aí vem o elenco honesto e realista dos seus sofrimentos e sacrifícios: *nas aflições, nas privações, nas angústias, nos açoites, nas prisões, nos tumultos.* Ao final, uma provação inominável.

Mais dois frutos do Espírito ou virtudes, além da paciência, que ele certamente teve que cultivar nesse contexto de críticas e oposição são: *bondade e amor não fingido* (Gl 5.22; Rm 12.9-21). É interessante ver que havia amor fingido naquele tempo como há hoje. Para "saber" o que Deus quer e proclamar e ensinar *a palavra da verdade*, é imprescindível agir tão somente *no Espírito Santo e no poder de Deus*. É como Paulo diz em Efésios 4.15, *seguindo a verdade em amor.*

Paulo nunca esconde o fato de que estamos em uma luta entre o bem e o mal (10.4; 1Ts 5.8; Ef 6.13-17). Todavia, por sua complexidade, isso ainda é um mistério. No entanto, ele está ciente e pronto *pelas armas da justiça, tanto para atacar como para defender*. É o que ele está fazendo nessa carta. Paulo, como qualquer serva ou servo na obra de Deus, tinha casca grossa e estava preparado para as diversas opiniões e críticas das pessoas a seu respeito: *por honra e por desonra, por infâmia e por boa fama*. Afunilando, Paulo chega ao conflito com os coríntios e às opiniões deles sobre ele e sua equipe. Para alguns, eram *como enganadores*, e para outras pessoas, eram *verdadeiros*. Para uns, *como desconhecidos, mas sendo bem-conhecidos*.

Com a frase *como castigados, porém não mortos*, como em 6.9, Paulo mostra sua resiliência e seu processo de superação de traumas. Ele tinha a prática de impor metas a si próprio e sabia controlar o psicológico diante de uma adversidade. Apesar de tudo, Paulo continuava trabalhando com paixão e amor na obra missional de seu Deus.

A igreja em Corinto e seus adversários tinham lhe causado muita tristeza, mas seus valores e princípios não são os da sociedade. Sua perspectiva como "nova criação" é outra: *como entristecidos, mas sempre alegres; como pobres, mas enriquecendo* a muitos; como nada tendo, mas possuindo tudo (6.10). Ele encontrou no próprio sofrimento uma forma de recobrar o ânimo e guiar o rebanho com foco máximo.

Amor e consolação mútuos

Após explicar o tanto que sofreu para levar o Evangelho até eles, Paulo termina a defesa do seu ministério, que começou em 2.14, com uma reafirmação de seu profundo, ilimitado e sincero amor pelos coríntios (6.11-13; 7.2-4). Ele apela à igreja para reconciliar-se com ele e ser uma comunidade reconciliadora.

Como são preciosas as amizades sinceras e solidárias! Paulo mostra mais uma vez a importância de trabalhar em parcerias, e não sozinho. No capítulo 7, ele volta ao seu relatório sobre os eventos recentes em Corinto, focalizando as boas notícias que recebeu de Tito depois que ele mandou a "carta de lágrimas". Paulo se alegra porque sua repreensão havia surtido uma tristeza piedosa entre a maioria dos coríntios, o que os levou ao arrependimento e restauração da relação entre ele e o ofensor.

Paulo iniciou essa carta com estas palavras sobre consolação:
Bendito seja o Deus e Pai de nosso Senhor Jesus Cristo, o Pai de misericórdias e Deus de toda consolação! É ele que nos consola em toda a nossa tribulação, para que, pela consolação que nós mesmos recebemos de Deus, possamos consolar os que estiverem em qualquer espécie de tribulação. (1.3-4)

Agora ele fala novamente sobre o consolo mútuo no corpo de Cristo:

Porque, quando chegamos à Macedônia, não tivemos nenhum alívio. Pelo contrário, em tudo fomos atribulados: lutas por fora, temores por dentro. Porém Deus, que consola os abatidos, nos consolou com a chegada de Tito. E não somente com a chegada dele, mas também pelo consolo que recebeu de vocês. Ele nos falou da saudade, do pranto e do zelo que vocês têm por mim, aumentando, assim, a minha alegria. (7.5-7; veja também 8.16s)

Lição vital: o amor mútuo é essencial na igreja entre os membros e com a liderança.

Perguntas para reflexão e ação

- Quais são as adversidades, provações, angústias e relações difíceis na sua vida? O que você precisa fazer para superar e crescer?

- Pense sobre seu ministério na vida diária. Quais são suas motivações e expectativas? Como reage quando há críticas, sacrifícios e sofrimento?

- Dê um exemplo de alguma relação rompida ou estressada na sua vida e como você conseguiu restaurar e reconciliar-se. Há alguma relação que ainda precisa disso? O que vai fazer à luz dessa passagem?

33

Generosidade, assistência e igualdade

Também, irmãos, queremos que estejam informados a respeito da graça de Deus que foi concedida às igrejas da Macedônia. Porque, no meio de muita prova de tribulação, manifestaram abundância de alegria, e a profunda pobreza deles transbordou em grande riqueza de generosidade. Porque posso testemunhar que, na medida de suas posses e mesmo acima delas, eles contribuíram de forma voluntária, pedindo-nos, com insistência, a graça de participarem dessa assistência aos santos. E não somente fizeram como nós esperávamos, mas, pela vontade de Deus, deram a si mesmos, primeiro ao Senhor, depois a nós. Isto nos levou a recomendar a Tito que, assim como havia começado, também... nesta graça vocês manifestem abundância.

Não digo isto na forma de mandamento, mas para provar se o amor de vocês é sincero...

> *E nisto dou a minha opinião: convém que vocês façam isto, vocês que, desde o ano passado, começaram não só a fazer, mas também a querer. Terminem, agora, a obra começada, para que, assim como mostraram boa vontade no querer, assim também completem essa obra, dando de acordo com o que vocês têm... Não se trata de fazer com que os outros tenham alívio e vocês tenham sobrecarga, mas para que haja igualdade. Neste momento, a abundância que vocês têm supre a necessidade deles, para que a abundância deles venha a suprir a necessidade que vocês vierem a ter. Assim, haverá igualdade...* **— 2 Coríntios 8.1-14**

Chegamos à última parte de 2 Coríntios. Há dois assuntos: a coleta que Paulo incentiva em benefício dos crentes em Jerusalém (capítulos 8 e 9) e a defesa final de Paulo contra seus opositores com seu aviso sobre os perigos de seguir a orientação dos falsos mestres (capítulos 10 e 13).

Nos capítulos 8 e 9, Paulo trata da coleta para a igreja de Jerusalém, que teve duas finalidades:

1. atender às necessidades financeiras que a igreja passava devido à fome; e

2. ressaltar a unidade e dívida espiritual entre os cristãos gentios e os cristãos judeus (Rm 15.25-32; 1Co 16.1-4; Gl 2.10; At 24.17).

A generosidade se torna o teste da autenticidade da fé (8.8,24; 9.13). Seu parceiro Tito serve de bom exemplo da fé genuína que o amor demonstrado na generosidade produz (8.16s).

Generosidade, assistência e igualdade

No capítulo 9, Paulo volta ao fundamento teológico da coleta como expressão da confiança da igreja em Deus para suprir a suas necessidades, de maneira que eles têm a vontade e a disposição de dar com alegria para os outros (9.6-9). Por meio da coleta solidária, os coríntios vivem o Evangelho de Cristo e glorificam a Deus (9.13).

Não podemos deixar de reparar que nesses dois capítulos (e em outros lugares nos quais Paulo trata do assunto, como 1Co 16.1-4) ele pressupõe o fim da *obrigatoriedade* do dízimo. Nessas passagens e em outras (Rm 16; Fp 4), Paulo se junta a outros autores do Novo Testamento (At 4 – 5; Hb 7).

Cristo deixou claro que a medida dos nossos pertences que devemos dispor para a obra do Reino de Deus é nada menos que tudo que possuímos (Mt 10.17-30; Mc 12.41-44). Sabemos que a crucificação e ressurreição de Cristo causou o fim do sistema de sacrifícios, da circuncisão e até mesmo da observância do sábado. Porém, ainda existe um forte *mito* no nosso meio de que o dízimo continua sendo uma medida da obediência e da fé, embora seja muito aquém do compromisso que Jesus exige.

Apesar de todas as passagens citadas, os defensores da permanência do dízimo hoje recorrem para *uma só passagem* que parece justificar a sua posição (Mt 23.1-36; paralelo em Lc 11.37-44), em que Jesus está dando instrução para um *fariseu, e não para seus discípulos*. Se Jesus está legitimando o dízimo nessa passagem, por que nas outras, direcionadas aos discípulos, ele o julga tão claramente como insuficiente (também em Lc 18.10-14)? Não faria mais sentido entender Mateus 23.23s com a mesma ironia com que o mesmo capítulo começa e uma instrução dada para quem *não* pretende segui-lo?

Voltamos para a oferta em 2 Coríntios. Por que o assunto do dízimo e da sua obrigatoriedade não aparece? Simplesmente porque a igreja primitiva já havia entendido que *o fim da lei é*

Cristo, para justiça de todo aquele que crê (Rm 10.4). Por isso, Paulo começa aqui baseando a oferta na "graça de Deus" (2Co 8.1), e não na lei.

Se nosso texto não fala sobre o dízimo, o que ele nos ensina sobre nossas contribuições financeiras na igreja? Muita coisa! Vejamos.

Generosidade

Paulo começa apontando para o testemunho das "igrejas da Macedônia". Observe bem os paradoxos: *no meio de tribulação, manifestaram abundância de alegria.* A alegria de dar. Mais: *a profunda pobreza deles transbordou em grande riqueza de generosidade* (8.2). Paulo não está dando como modelo a generosidade de igrejas ricas, mas de igrejas pobres e sofredoras nas quais ele estava arrecadando a oferta. Quantas igrejas e pessoas pobres nos mostram hoje a "riqueza de generosidade", como a pobre viúva fez em Lucas 21.1-4?

Paulo já falou sobre essa oferta com a igreja em Corinto e diz que há tempo estão fazendo uma campanha (8.10). Já sugeriu uma contribuição semanal (1Co 16.2). Agora Tito retomou a campanha (8.6). O problema é que Paulo não está satisfeito com a generosidade deles. Dar é bom, mas o princípio é com generosidade e alegria, e "de forma voluntária" (8.3). Sem pressão. Sem manipulação. Sem extorsão.

Deve-se contribuir financeiramente ao avanço do Evangelho, sem nenhuma dúvida. Ricos e pobres. Mas ofertas não são um instrumento para ganhar a aprovação de Deus ou exibir-se. Em Lucas 21, a crítica que Jesus fez dos ricos era a falta de generosidade: deram simplesmente "as sobras".

Crentes autênticos devem ser *generosos* em tudo — tempo, talentos, atenção e nas contribuições financeiras para sua igreja. Dar de si mesmo e de si mesma a Deus e às pessoas (8.5). Dar é essencial. Um imperativo moral. Motivação é tudo. Cada pessoa dá na medida de suas possibilidades e querer (8.3,10s). Dá com humilde e sincero amor, seguindo o exemplo de Cristo (8.8s). Com "boa vontade" (8.12).

Assistência social

No capítulo anterior, vimos como Paulo se sacrificou no seu ministério. Agora vamos descobrir que uma igreja missional deve aprender a sacrificar-se na prática da diaconia para ajudar outras comunidades que sofrem.

No início da igreja, doavam para atender às necessidades da comunidade (At 2.45; 4.34-36; 6.1-6). A diaconia, ou assistência social e acolhimento, começa em casa, mas vai muito além. Essa coleta era para atender às necessidades físicas da igreja em Jerusalém em uma crise alimentar. Não era para o sustento de seus obreiros ou as despesas da igreja. Não tinham estruturas como temos hoje. É lógico que contribuímos para nosso orçamento, que inclui salários e manutenção.

Portanto, a lição aqui é a importância e foco no serviço diaconal a pessoas de fora da nossa comunidade local. É preciso ter sensibilidade com as necessidades de outras igrejas perto e longe e de pessoas de fora das igrejas, incluindo nas ruas. Não devemos ser igrejas egoístas e autocentradas. Às vezes é preciso reavaliarmos nossas prioridades e redirecionarmos nossos recursos para atender às muitas necessidades gritantes.

Lição para nós: devemos aguçar a sensibilidade e a solidariedade e priorizar o ministério de prover as necessidades das pessoas em nossas comunidades e fora delas. A igreja existe para ajudar, para envolver-se com compaixão na comunidade. Há muitas maneiras de fazer isso: promover bazares beneficentes para obter recursos para causas sociais, distribuir cestas básicas, sopa, leite para as crianças, ambulatórios, ajuda em emergências, cursos técnicos, educação e leitura, moradias e salários dignos.

Igualdade

No fim de nosso texto, Paulo usa essa palavra duas vezes: *Neste momento, a abundância que vocês têm supre a necessidade deles, para que a abundância deles venha a suprir a necessidade que vocês vierem a ter. Assim, haverá igualdade...* (8.14). Que igualdade é essa? Na fragilidade, vulnerabilidade e necessidade. Aprendemos na pandemia da Covid-19 que todas as pessoas são vulneráveis. O vírus não discrimina! É preciso reconhecer a fragilidade e a necessidade de todos os seres humanos, a começar por nós. Haverá momentos em que cada pessoa vai precisar de ajuda. Vivemos na mutualidade. Na partilha. Na dependência mútua. Saber dar e receber é essencial.

Fora isso, o compromisso com a igualdade nos leva a combater, encurtar e reduzir as desigualdades sociais e regionais em nossas cidades e em nossa pátria. Isso começa dentro de nossas igrejas, tornando-as menos desiguais e mais solidárias, menos extravagantes e mais simples, mais inclusivas. Também envolve políticas públicas.

É isso. É o que podemos fazer para sermos igrejas mais generosas, solidárias e igualitárias.

Perguntas para reflexão e ação

- Baseado nessa passagem, quais são alguns princípios da contribuição financeira dos fiéis? Alguma sugestão de como comunicar e representar isso dentro do culto?

- Se você tende a ser mesquinho/a ou egoísta, o que vai fazer agora para ser mais generoso/a em tudo, incluindo suas ofertas?

- Quais são as necessidades materiais na sua igreja, na comunidade e em outras igrejas que você poderia ajudar? Como poderia fazer isso?

- O que significa para você promover a igualdade na igreja e na sociedade?

34

Falsos apóstolos e sofrimentos

> Porque esses tais são falsos apóstolos, obreiros fraudulentos, disfarçando-se em apóstolos de Cristo. E não é de admirar, porque o próprio Satanás se disfarça de anjo de luz. Portanto, não deveria surpreender que os seus próprios ministros se disfarcem em ministros de justiça. O fim deles será conforme as suas obras. — **2 Coríntios 11.13-15**
>
> São hebreus? Eu também! São israelitas? Eu também! São da descendência de Abraão? Eu também! São ministros de Cristo? Falando como se estivesse fora de mim, afirmo que sou ainda mais: em trabalhos, muito mais; em prisões, muito mais; em açoites, sem medida; em perigos de morte, muitas vezes. Cinco vezes recebi dos judeus quarenta açoites menos um. Três vezes fui açoitado com varas. Uma vez fui apedrejado. Três vezes naufraguei. Fiquei uma noite e um dia boiando em alto mar. Em viagens, muitas vezes; em perigos de rios, em perigos de assaltantes, em perigos entre patrícios, em perigos entre gentios, em perigos na cidade, em perigos no deserto, em perigos no mar, em perigos entre falsos irmãos; em

> trabalhos e fadigas, em vigílias, muitas vezes; em fome e sede, em jejuns, muitas vezes; em frio e nudez. Além das coisas exteriores, ainda pesa sobre mim diariamente a preocupação com todas as igrejas. Quem enfraquece, que eu também não enfraqueça? Quem se escandaliza, que eu não fique indignado?
>
> Se tenho de me gloriar, vou me gloriar no que diz respeito à minha fraqueza. — **2 Coríntios 11.22-30**

Iniciamos este capítulo com umas perguntas para você, caro leitor, querida leitora. Você já foi seduzido e até enganado por algum novo pastor ou pastora eloquente que encanta sua audiência e distorce ensinamentos bíblicos? Esses líderes populares têm a intenção e motivação corretas diante de Deus para o serviço cristão ou estão "mercadejando a palavra" (2Co 2.17) para a obtenção de lucros (1Tm 6.5)? Não fazemos essas perguntas para acusar, envergonhar ou julgar, mas para alertar.

O tom dos capítulos 10 a 13 muda dramaticamente do tom pastoral dos capítulos 8 e 9. Aqui encontramos uma apologética vigorosa contra aqueles que ainda se opõem à liderança de Paulo e se colocam como superiores. O motivo da oposição ainda era a aparente fraqueza, sofrimento, autossustento e falta de poder carismático que eles achavam que caracterizavam o ministério de Paulo. O apóstolo sabia que a luta pela liderança logo se reduz a uma luta pelo poder ao prejuízo tanto dos líderes quanto dos liderados e lideradas. Paulo promove um estilo de liderança no qual ele mantinha certa distância para que as pessoas se relacionassem com Deus sem ter que passar necessariamente por sua liderança. Ao mesmo tempo, fala com intensa paixão, amor e firmeza, baseado em um inquestionável senso de vocação.

Ora, a coisa foi séria. Paulo teve que falar muito nessa carta sobre esse problema. Vamos recorrer a Atos para recapitular a história da igreja em Corinto, uma das primeiras fundadas na Europa por Paulo e sua equipe.

Após Paulo, Silas e Timóteo levarem o Evangelho para terras europeias e fundar as igrejas na província da Macedônia em Filipos, Tessalônica e Bereia, Paulo passou sozinho por Atenas (At 16 – 17) e seguiu para Corinto, capital da província da Acaia. Lá ele encontrou um dinâmico casal cristão, Áquila e Priscila, "fazedores de tendas", e foi morar e trabalhar com eles na implantação da nova igreja. Depois, quando Silas e Timóteo chegaram da Macedônia com ofertas de sustento de lá, dedicaram-se integralmente à fundação e edificação dessa comunidade na capital agitada, a maior parte composta por trabalhadores, mas com uma elite que se julgava sofisticada e superior. Era uma igreja ativa com muitos dons espirituais. A equipe ficou lá por 18 meses, consolidando-a (At 18).

Quando voltaram para a Ásia e começaram a implantação da igreja em Éfeso, instruíram e enviaram Apolo para Acaia, onde foi bem-sucedido em Corinto (At 18.27s). Enquanto estava em Éfeso, Paulo fez várias viagens para a Macedônia, enviava colaboradores para Corinto e recebia notícias e até uma carta de lá. Uma das notícias que Timóteo lhe trouxe foi o tremendo estrago que um grupo de opositores havia feito lá e os cruéis ataques que fizeram ao apóstolo.

Uma emergência pastoral e missional!

Era uma ameaça à sobrevivência dessa igreja vital na Europa. Em 2 Coríntios 11, com completa transparência e sinceridade, Paulo novamente defende sua integridade diante das acusações que recebia. Sua preocupação era "zelar" da saúde espiritual da igreja (11.2). Que não fossem enganados e afastados da "simplicidade e pureza" (v. 3) do Evangelho por esses "superapóstolos" pregando *outro Jesus... um espírito diferente... ou um evangelho diferente do que já aceitaram* (11.4). Que dano à igreja! Que desconstrução! Paulo sabia com quem estava lidando. Agora pega pesado, como nunca fez em qualquer outro lugar. Queria abrir os olhos dos membros da igreja. É uma passagem cheia de ironia e crítica ácida aos opositores de Paulo, tanto que ele não hesita em denominá-los "falsos apóstolos" e "obreiros fraudulentos" que se disfarçam como "ministros da justiça" (11.12-15). Falsos ministros querendo se passar por verdadeiros. Atrás deles estava o mesmo que faz a mesma coisa do mesmo jeito hoje, "Satanás", que "se disfarça de anjo de luz" (11.14).

O padrão é o mesmo: mentiras, meias-verdades, lábia lisa para enganar os ingênuos e simples. Jesus ensinou e advertiu sobre os "falsos profetas" (Mt 7.17s) e "lobos maus" (Mt 10.16) muitas vezes disfarçados de "cordeiros" (Lc 10.3).

Ação missional como credencial

Longe de seus oponentes, o ministério de Paulo era provado e credenciado por sua participação na missão e nos sofrimentos de Cristo. Se seus adversários se gloriam, "por um momento", ele vai se gloriar (11.16-18). Ele abre as páginas de sua memória e nos dá um histórico emocionante das tribulações no seu trabalho missionário durante os anos. "Querem saber como foi meu trabalho missionário? Vou contar. Não meus sucessos, mas meus sofrimentos por Cristo".

Leia com sua imaginação ativada 2 Coríntios 11.21-29. O relato é impressionante! Quantas histórias de sacrifício e compaixão que não conhecemos estão atrás dessa lista? Que vida missionária! Riobaldo, em *Grande Sertão: Veredas*, de Guimarães Rosa, falava repetidamente que "A vida é perigosa". Muito perigosa. E é. O trabalho missionário e pastoral, também. O caminho da cruz. Portanto, vale a pena. E os frutos — vidas encontradas, restauradas e transformadas — falam por si.

É uma história de resiliência em situações adversas. Sem arrependimento ou amargura. Sem perder a ternura, a autoridade afetiva. Além das dificuldades causadas pela perseguição, viagens precárias e carências materiais, tinha o peso emocional e espiritual de sua "preocupação com todas as igrejas" (v. 28) que havia fundado em diversos lugares. Com certeza, Paulo havia perdido muitas noites de sono com os problemas na igreja em Corinto. Fizeram com que deixasse sua evangelização em Trôade (2.12s). Ficou angustiado depois que enviou a "carta de lágrimas" (7.8). No fim das contas, sua forte denúncia em 11.12-15 indica seu nível de preocupação com a igreja. Paulo está compenetrado em seu papel de pastor.

Fraqueza

É enigmática a pergunta de Paulo: *Quem enfraquece, que eu também não enfraqueça?* (v. 29). Será que ele fala de sua identificação e solidariedade com o rebanho? Ou de sua plena consciência, que partilha os sofrimentos de Cristo e que, através de sua fraqueza e fragilidade, que são do Cristo crucificado, ele pode fortalecer a igreja? Por isso, finaliza dizendo: "vou me gloriar no que diz respeito à minha fraqueza" e dá um exemplo de uma experiência humilhante (vv. 30-33). Adiante veremos mais.

O que deve ser ponderado nesse texto que revela a experiência e os sentimentos íntimos do apóstolo Paulo? Temos muito para aprender em nossa caminhada com o Cristo crucificado. Reclamamos de coisas que chegam a ser ridículas. Orgulhamo-nos das coisas erradas. Não é fácil para ninguém. Quando é, dá até para desconfiar.

Aqui vale um adendo: Jesus é o bom pastor que dá a vida pelas ovelhas, e não o "ladrão que vem somente para roubar, matar e destruir", ou seja, "o mercenário que não se importa com as ovelhas" (Jo 10.10-15).

Nos seus últimos ensinamentos aos discípulos, Jesus contou muitas parábolas mostrando a importância da atenção, vigilância e discernimento.

Era um bom conselho naquele tempo e muito mais hoje.

Perguntas para reflexão e ação

- Na sua compreensão, quais são os "falsos ensinamentos" bíblicos, promessas e enganos de "falsos pregadores" hoje que parecem "anjos de luz", mas que enganam e usam pessoas nas igrejas para obter seus próprios benefícios?

- O que você já sofreu ou sofre na sua vida cristã e no seu ministério missional?

- Como você reconhece e se gloria na sua fraqueza e vulnerabilidade?

35

Humildade, graça e fraqueza

Se é necessário que eu me glorie, ainda que não seja conveniente, vou falar a respeito das visões e revelações do Senhor. Conheço um homem em Cristo que, há catorze anos, foi arrebatado até o terceiro céu... E sei que esse homem — se no corpo ou sem o corpo, não sei; Deus o sabe — foi arrebatado ao paraíso e ouviu palavras indizíveis, que homem nenhum tem permissão para repetir. Desse eu me gloriarei; não, porém, de mim mesmo, a não ser nas minhas fraquezas...

E, para que eu não ficasse orgulhoso com a grandeza das revelações, foi-me posto um espinho na carne, mensageiro de Satanás, para me esbofetear, a fim de que eu não me exalte. Três vezes pedi ao Senhor que o afastasse de mim. Então ele me disse: "A minha graça é o que basta para você, porque o poder se aperfeiçoa na fraqueza." De boa vontade, pois, mais me gloriarei nas fraquezas, para que sobre mim repouse o poder de Cristo. Por isso, sinto prazer nas fraquezas, nos insultos, nas privações, nas perseguições, nas angústias, por amor de Cristo. Porque, quando sou fraco, então é que sou forte. — **2 Coríntios 12.1-10**

> *Porque nos alegramos quando nós estamos fracos e vocês estão fortes; e a nossa oração é esta: que vocês sejam aperfeiçoados. Portanto, escrevo estas coisas, estando ausente, para que, estando presente, não venha a usar de rigor segundo a autoridade que o Senhor me deu para edificação e não para destruição.* — **2 Coríntios 13.9s**

Deus nos criou e quer intimidade com o ser humano. Coisa incrível! Deus deseja e possibilita essa relação íntima e pessoal. Deus fala, se revela, convida. Quer caminhar e ter comunhão conosco como fez no jardim do Éden (Gn 3.8) e como Jesus fez no caminho para Emaús (Lc 24.1-31). Deus nos convida para dialogar e entrar em parceria na sua obra salvadora no mundo. Esse é o sentido de nosso viver.

Afirmando essas verdades, José Carlos Pezini, em *Oração: Quando o Meu Coração Encontra o Coração de Deus*, usa passagens bíblicas para mostrar que a essência da oração é essa relação de intimidade através da qual "entramos em um diálogo amoroso e amigável, e podemos responder a Deus todas as vezes que o buscamos"[19].

Deus fala conosco e nós podemos falar com Deus. E como isso acontece? Continuando seu testemunho pessoal sobre suas fraquezas, Paulo compartilha uma experiência singular resultante dessa intimidade com Deus. Era tão pessoal que até agora não contou para ninguém. Foi através de "visões e revelações do Senhor" que ele "ouviu palavras indizíveis" (12.1,4), palavras em resposta a uma oração sua.

Antes de nos aprofundarmos na mensagem que Paulo recebeu, vamos comentar a experiência. O que aconteceu? Ainda acontece? Para essas perguntas, não há uma resposta pronta e definitiva. É um mistério de Deus. Foi uma experiência rara,

---
19 Curitiba: Editora Esperança, 2020, p. 30.

talvez inédita. Ainda assim, podemos recordar as visões dos profetas Ezequiel e Daniel e do apóstolo João na ilha de Patmos, curiosamente sempre em momentos de "tribulação" (Ap 1.9). Pedro cita o profeta Joel no dia de Pentecostes, dizendo: *os seus jovens terão visões, e os seus velhos sonharão* (At 2.17b).

Duas observações pertinentes: primeira, no seu ministério, Paulo mostra que Deus fala conosco através de "dois livros": as escrituras hebraicas (que naquele momento era o que havia) e a criação. Quando ele passou por Atenas, antes de ir pela primeira vez para Corinto, e discursou no Areópago, deixou claro que Deus fala também através da criação (At 17.24-28; Sl 19 e outros)[20]. Em segundo lugar, nós vivemos na era pós-Hebreus 1.1-2a onde lemos: *Antigamente, Deus falou, muitas vezes e de muitas maneiras, aos pais, pelos profetas, mas, nestes últimos dias, nos falou pelo Filho.*

Enfim, na progressão da revelação divina, temos a Bíblia, em que Deus fala conosco e nos revela seu Filho e seu plano restaurador. Porém, precisamos estudar e meditar muito para interpretá-la corretamente, como Paulo depois escreverá a Timóteo (1Tm 4.15s; 2Tm 3.16s). Tudo que Deus nos fala precisa estar de acordo com a Bíblia.

Humildade

Paulo poderia gloriar-se e sentir orgulho e superioridade com essa experiência espiritual tão singular. Contudo, ao mesmo tempo sofria com alguma enfermidade física. Poderia ter sido com a visão, epilepsia, enxaqueca, um problema da pele, da coluna, de alguma articulação, como o joelho. Não sabemos, mas era tão ruim que, para ele, era de Satanás. Era humilhante e difícil

---

20 Veja nosso livro: GEORGE; CARRIKER. *Os Atos dos Apóstolos: um mergulho missional* (Editora Esperança: Curitiba, 2021) para saber mais.

de suportar. O que ele fez? Orou. Pediu cura. Três vezes. Deus ouviu? Sim. Deus respondeu? Sim. Deus curou? Não. Paulo não mandava em Deus. Nós podemos pedir cura, mas não podemos exigir a resposta que queremos. Neste mundo de doenças e de morte, nem todas as pessoas são curadas. Quer ver a resposta à oração de Paulo? Preste atenção.

A minha graça é o que basta para você, porque o poder se aperfeiçoa na fraqueza. (2Co 12.9a)

Graça

O refrão do Salmo 136 diz tudo: *Deem graças ao Senhor, porque ele é bom, porque a sua misericórdia dura para sempre.* A palavra hebraica traduzida por "misericórdia" (*ḥeseḏ*) também significa bondade, amor, favor, graça e fidelidade. Somente pela graça somos salvos e salvas (At 15.11; Ef 2.8). Nossa salvação, nossos dons e ministérios e nossa vida cristã dependem da graça e do poder do Espírito Santo.

Paulo aprendeu com sua doença uma lição muito profunda. Pelo seu esforço humano e recursos espirituais, não iria aguentar. Mas a graça constante de Deus é suficiente[21].

Fraqueza

Todavia, a fim de experimentar a eficácia da graça de Deus para lidar com esse problema, Paulo tinha que aceitar e não negar sua

---

21 Veja o primeiro capítulo do livro de Carriker, *O que é Igreja Missional*, sobre "Os Dois Valores Fundamentais", que são o amor em ação e a graça contínua. (Viçosa, MG: Ultimato, 2018.)

própria fraqueza. Sim, a fraqueza faz parte da condição humana. Não há espaço para o orgulho e a arrogância. Escrevemos e pregamos com toda a nossa fraqueza, fragilidade e imperfeições. Acerca de Romanos 8.26-28, Valdinei Ferreira esclarece que essa oração parte de nosso reconhecimento de nossa fraqueza, pois "o Espírito nos ajuda em nossa fraqueza. Porque não sabemos orar como convém...", e que o Espírito desce nas profundezas do coração humano para as feridas abertas, tristezas, dores e desilusões e "intercede por nós com gemidos inexprimíveis". É assim que o Espírito usa "todas as coisas" na vida, das experiências espirituais sublimes até "os espinhos na carne" para produzir "o bem" de quem ama Deus.

Dependência

Na fraqueza humana e nas crises da vida encontramos uma oportunidade para experimentar e depender da graça de Deus. É nessa dependência, esvaziando-se de qualquer soberba, que Paulo, em 12.10, resume suas reflexões sobre todos os problemas que já relatou (11.23-29), e conclui: "quando sou fraco, então é que sou forte". É um curioso paradoxo. Isso, sem dúvida, está alinhado com o foco de Paulo em Cristo, que *foi crucificado em fraqueza, mas vive pelo poder de Deus. Porque nós também somos fracos nele, mas viveremos com ele, pelo poder de Deus, para o bem de vocês* (13.4).

Aperfeiçoamento e edificação

Paulo está prestes a visitar Corinto pela terceira vez (13.1). A primeira foi sua missão de implantação da igreja e a segunda foi a visita "em tristeza" (2.1). Paulo ama essa comunidade, mas a situação continua difícil. O que ele mais deseja encontrar é uma igreja unida e reconciliada com ele, uma comunidade que se examina e se corrige (13.5). Entretanto, se houver necessidade de mais correção e disciplina, ele estará pronto. É nesse sentido que ele ora: "que vocês sejam aperfeiçoados" (v. 9), pois seu ministério é de "edificação" (Ef 4.1-16) das igrejas, e não "destruição" (v. 10).

Por isso, ele termina dizendo: *Procurem aperfeiçoar-se, consolem uns aos outros, tenham o mesmo modo de pensar, vivam em paz. E o Deus de amor e de paz estará com vocês* (v. 11). E nós terminamos o volume 1 de nosso mergulho missional nas cartas de Paulo com as mesmas palavras.

Perguntas para reflexão e ação

- Qual é a relação entre as visões e revelações de Paulo e sua condução como líder? Você pode fazer algum paralelo com a igreja hoje?

- Como você entende e experimenta a graça de Deus?

- Dê exemplos concretos de fraquezas, fracassos na vida ou na oração, fragilidades e vulnerabilidades na sua vida. Como podem servir para que você dependa mais de Deus e aperfeiçoe sua fé?

Resumindo, refletindo e aguardando...

Mergulhamos em cinco das Cartas de Paulo. Degustamos. E conhecemos melhor esse fariseu que teve um encontro transformador com Jesus e se tornou um apaixonado e incansável missionário, pastor e teólogo. Sofreu muito e teve muita alegria.

É interessante observar algumas semelhanças entre o primeiro século e o vigésimo-primeiro. Mobilidade, conexões e comunicação. A diferença está nos meios. Hoje vivemos uma conexão digital instantânea e global pela Internet e telefone. Naquele tempo tudo dependia de cartas escritas à mão e levadas a pé. Viajamos de avião ou de carro. Paulo ia a pé ou de barco. Para receber notícias das comunidades estabelecidas, ele costumava mandar seus auxiliares, Timóteo ou Tito.

Viajamos com Paulo e seus parceiros Silas e Timóteo para a região da Galácia na Ásia Menor e para Tessalônica e Corinto no sudeste europeu, onde estabeleceram igrejas. Pertencemos hoje a essa mesma igreja, que sobreviveu dois milênios e já se dividiu incontáveis vezes, mas ainda tem a mesma fé, o mesmo Evangelho, o mesmo Deus Trino.

Nós temos, além das Escrituras hebraicas que Paulo conhecia bem (e que nós hoje chamamos de Antigo Testamento), o Novo Testamento. Acabamos de mergulhar nos primeiros livros escritos do Novo Testamento (antes dos Evangelhos e Atos!).

Conhecemos algumas das primeiras igrejas fundadas fora de Jerusalém. Nossas raízes. Nosso começo. Descobrimos que nos três lugares — Galácia, Tessalônica e Corinto — influenciadores mal-intencionados causaram problemas nas igrejas. Enganadores, falsos profetas ensinando o que Paulo chama de um "falso evangelho". Além de causarem divisões e dúvidas teológicas, atacaram, questionaram e tentaram desconstruir a autoridade do apóstolo.

A igreja em Tessalônica foi a mais rápida que Paulo estabeleceu. Após poucas semanas, a perseguição forçou a saída da sua equipe. Por incrível que pareça, tornou-se uma igreja missional modelo na fé, no amor e na esperança, vivendo no meio de uma bruta perseguição e luta feroz contra as forças do mal. Portanto, ficaram algumas dúvidas sobre a ressurreição do corpo e a segunda vinda de Cristo. Aliás, o corpo humano é um tema que foi desenvolvido nessas cinco cartas. Paulo lhes escreveu uma carta muito carinhosa e pastoral.

Galátas é outra história. Está em crise teológica. Paulo escreve bem bravo. Começaram tão bem e agora estão sendo influenciados por judeus cristãos que insistem na circuncisão e querem "perverter o Evangelho". Ou seja, voltando para a Lei como fonte e marca da salvação. Como podem? Inacreditável! Então Paulo constrói um argumento teológico sobre a Lei, a graça e a liberdade cristã, um argumento brilhante e inspirado por Deus que iria guiar e transformar a postura fundamental da fé cristã. A chave de tudo é a cruz de Cristo e a vida guiada pelo Espírito Santo. O que Paulo almeja é a maturidade e unidade em cada comunidade.

Em Corinto encontramos outra igreja problemática. Enfim, cada comunidade cristã tinha seus problemas e cegueiras, como hoje. Paulo e sua equipe ficaram lá 18 meses edificando, ensinando, consolidando. Entretanto, depois a igreja havia se dividido em grupos rivais, cada um seguindo um líder diferente — Paulo, Apolo, Pedro e Cristo. Novamente chegaram influenciadores de fora atacando Paulo. Eles tinham dúvidas sobre questões éticas e litúrgicas. Acima de tudo, surgiu um problema na relação deles com Paulo. Ao se defender, Paulo revela sua vida de sofrimentos ministeriais.

Lidamos hoje com os mesmos temas: diversidade e unidade, Cristo crucificado e ressurreto, "a palavra da cruz", humildade, fraqueza, reconciliação, amor, graça e liberdade no Espírito. E os mesmos problemas: relacionamentos difíceis, orgulho espiritual, divisões, charlatões e luta contra a maldade no mundo.

E o corpo humano. As questões éticas e perguntas sobre a ressurreição nos levam a descobrir que nosso corpo é de Deus, é "santuário do Espírito Santo" e que devemos glorificar a Deus com nosso corpo. Somos seres integrais — corpo, alma e mente. Que a ressurreição de Cristo é "as primícias" da ressurreição de nossos corpos. A vida eterna será também corpo e alma. Temos que interiorizar e seguir o modelo da entrega do corpo encarnado de Cristo na cruz, "discernir" e participar na diversidade, unidade e igualdade do corpo social de Cristo, a igreja. Essa união com Cristo e seu corpo é crucial para a maturidade cristã.

A hora é agora: nós precisamos fazer a reflexão necessária sobre tudo que Paulo escreveu e aplicar o que aprendemos nas nossas vidas. Fazer correções, mudanças e metas. Só assim trilharemos o caminho da cruz rumo à maturidade na fé, no amor e na esperança. Temos plena convicção de que esse aperfeiçoamento exige olhares e esforços gigantescos.

E nos aguarde... em breve será lançado o Volume 2 com as demais cartas paulinas, começando com Romanos. Prepare-se. Nossa meta era aguçar sua curiosidade e fascínio pela leitura bíblica e participação na missão de Deus. Enquanto espera o

Volume 2, se ainda não leu nosso livro *Os Atos dos Apóstolos: um mergulho missional*, seria bom procurá-lo. Dá uma visão panorâmica do trabalho de Paulo e seus parceiros e a fundação das igrejas para quem ele escreveu, tudo da ótica de um de seus acompanhantes, o doutor Lucas.

Até breve...

Apêndice

Cronologia das Viagens e Cartas de Paulo[22]

A primeira partida de Jerusalém[23]..........................*33-36 d.C.*
- De Jerusalém para Damasco (At 9.1-25; 2Co 11.32-33) e Arábia (Gl 1.17)
- De Damasco para Jerusalém (At 9.26-30)

A segunda partida de Jerusalém[24]..........................*36-46 d.C.*
- De Jerusalém (At 9.26-30) para Cesareia (At 9.30)
- De Cesareia para Tarso, na Cicília (At 9.30)
- De Tarso para Antioquia, na Síria (11.25-26)

---

22 Esta sequência de até 6 viagens de Paulo, diferente das descrições tradicionais de 3 viagens, se baseia na observação em Romanos 15.19 que Paulo concebia as suas viagens a partir de Jerusalém. Por isto, as 6 partidas elaboradas aqui são *de Jerusalém* como constam nos Atos dos Apóstolos. Para mais detalhes, veja capítulo 2 deste livro. A sequência das viagens é bastante consensual entre os estudiosos. Entretanto, as datas específicas e até a sequência da composição das letras ainda são bastante discutidas.

23 Veja o mapa, "A fase inicial da missão de Paulo: Damasco e Arábia", na *Bíblia Missionária de Estudo* (BME).

24 Veja o mapa, "A segunda fase do ministério missionário de Paulo: de Jerusalém para Síria, Cilícia e Antioquia", na *BME*.

*A terceira partida de Jerusalém*²⁵..........*47-48/9 d.C.*
- De Jerusalém para Antioquia da Síria (At 12.25)
- De Antioquia para a ilha de Chipre (At 13.4), incluindo Salamina (At 13.5) e Pafos (At 12.6)
- De Pafos para Perge da Panfília (At 13.13)
- De Perge para Antioquia da Pisídia (At 13.14)
- Da Antioquia da Pisídia para Icônio (At 13.51), Listra e Derbe (At 14.6)
- Retorno pela mesma rota, salvo a ilha de Chipre, passando por Antioquia da Síria (At 14.21-28) até chegar a Jerusalém (At 15.1-4)

CARTA AOS GÁLATAS (ESCRITO DE ANTIOQUIA)..........48 D.C.

*A quarta partida de Jerusalém*²⁶..........*48/9-52 d.C.*
- De Jerusalém, Paulo e Barnabé voltam para Antioquia da Síria (At 15.22,30-34)

EXPULSÃO DOS JUDEUS DE ROMA PELO
IMPERADOR CLÁUDIO..........48/9 D.C.

- De Antioquia da Síria, Paulo e Silas partem para a Síria e a Cilícia (At 15.40-41)
- Da Cilícia vão para Derbe, Listra e Icônio (At 16.1-2)
- Em seguida, avançam para um território novo: a região frígio-gálata (At 16.6) e Trôade (At 16.8)
- De Trôade são guiados por uma visão para a região da Macedônia (At 16.10-11)
- Na Macedônia vão para Filipos (At 16.12), Tessalônica (At 17.1) e Bereia (At 17.10)
- De Bereia, na Macedônia, prosseguem para a Grécia, onde passam por Atenas (At 17.15) e Corinto (At 18.1)

---

25 Veja o mapa, "A terceira fase do ministério missionário de Paulo: de Jerusalém para Antioquia, Chipre e Galácia", na *BME*.

26 Veja o mapa, "A quarta fase do ministério missionário de Paulo: de Jerusalém para Macedônia e Acaia", na *BME*.

Cronologia das Viagens e Cartas de Paulo

1 E 2 TESSALONICENSES (ESCRITO DE CORINTO)..**50-51 D.C.**
- De Corinto passam por Cencreia (At 18.18) no caminho para Éfeso (At 18.19) e, depois, para Jerusalém (At 18.22), passando por Cesareia.

A quinta partida de Jerusalém[27]............................*52/3-57 d.C.*
- De Jerusalém para Antioquia na Síria (At 18.22) e para Galácia e Frígia (At 18.23)
- Da Frígia, Paulo vai para Éfeso, onde permanece três anos (At 19.1-20)

1 CORÍNTIOS (ESCRITO DE Éfeso)..........................**53-54 D.C.**
- De Éfeso, volta para Jerusalém, passando antes pelas igrejas da Macedônia e de Acaia (At 19.21; 20.1-6)

MORTE DO IMPERADOR CLÁUDIO, ASCENSÃO DE NERO..**54 D.C.**
- Possivelmente visita a região de Ilírico (Rm 15.19)
- Prisão em Éfeso

CARTAS AOS FILIPENSES, FILEMOM, COLOSSENSES E EFÉSIOS (ESCRITO DA PRISÃO EM ÉFESO)..................**55-56 D.C.**
- Passagem novamente por Corinto e retorno para Jerusalém, via Cesareia (At 21.7-17)

2 CORÍNTIOS (escrito de Macedônia)   56 d.C.
ROMANOS (ESCRITO DE CORINTO)..**57 D.C.**

---

[27] Veja o mapa, "A quinta fase do ministério missionário de Paulo: de Jerusalém para a Ásia, a Macedônia e Acaia", na *BME*.

*A sexta partida de Jerusalém*²⁸.................................*57-64 d.C.*
- De Jerusalém para Cesareia (At 23.31-33)
- De Cesareia para Roma (At 27.1-2; 28.14-16), passando por Sidom (At 27.3), Mirra, na Lícia (At 27.5), Bons Portos, na ilha de Creta (At 7—8), grande tempestade, naufrágio na ilha de Malta (At 27.27—28.10), Siracusa, Régio e Putéoli (At 28.12-13)

CARTAS PASTORAIS (ESCRITO DA PRISÃO EM ROMA)..62-64 D.C.
- Depois de Roma: Espanha? Creta? Outros lugares?
- Morte de Paulo 64 d.C. ou depois

---

28 Veja o mapa, "A sexta fase do ministério missionário de Paulo: de Jerusalém para Roma", na *BME*, e para uma sugestão de rota depois de Roma, veja o mapa "Paulo depois de Atos: Espanha, Creta e outros lugares?", na *BME*.

Somos uma organização cristã norueguesa, fundada em 1901, com presença e atuação em países da América Latina, África e Ásia. Nossos objetivos gerais são combater a pobreza, promover a justiça e partilhar a fé.

A Missão Aliança tem um chamado especial para a diaconia e a entende como um conjunto de ações que derivam da fé e têm por finalidade transformar contextos de sofrimento e injustiça.

No Brasil atuamos por meio de uma rede de igrejas e organizações da sociedade civil presentes em comunidades empobrecidas. Trabalhamos com a missão comum de promover dignidade em um mundo injusto.

Missão Aliança
www.missaoalianca.org.br

CENTRO EVANGÉLICO DE MISSÕES

A MISSÃO NÃO PARA!

Nós, do Centro Evangélico de Missões (CEM), oferecemos respostas - da teoria à prática - para a igreja diante dos desafios do mundo hoje. O Deus da missão nos chama para servi-lo. Mas como?

ESCOLA DE MISSÕES

Cursos de capacitação teórica e prática para a vida missionária. Estudos avançados em missiologia.
Preparação para a evangelização intercultural.
Orientação para os que partem para o campo missionário, ou que retornam do mesmo.

CEM.ORG.BR
INSTAGRAM: @CEMISSÕES
WHATSAPP: (31) 98040-6010

SCAN ME >

INTERSERVE BRASIL

Você quer usar sua profissão como um instrumento de Deus para abençoar pessoas de regiões sensíveis ao Evangelho?

On Track: programa de curto prazo (1 a 23 meses) para servir no mundo árabe e Ásia.
Programa de longo prazo, com envio de profissionais para servir no mundo árabe e Ásia.

INTERSERVE.ORG.BR
INSTAGRAM: @INTERSERVEBR
WHATSAPP: (31) 99800-3261

RECEBA OPORTUNIDADES DE SERVIÇO

EM NOSSO GRUPO DE WHATSAPP

MISSÃO KAIRÓS

Ore Doe Vá

missaokairos.org.br

A Missão Kairós foi fundada em 1988, na cidade de São Paulo, por um grupo de pastores e missionários liderados pelo Pr. Waldemar de Carvalho: Edson Queiroz, Eude Martins, Bárbara Burns entre outros.
Nosso objetivo é levar o Evangelho aos povos pouco e não alcançados.
Atuamos em parceria com as igrejas locais no preparo, envio e suporte a missionários, para que preguem o Evangelho de Jesus Cristo.

Mobilizar a Igreja Local para Missões
CTTK
Centro de Treinamento Transcultural Kairós
#Treinamentos #Cursos #Seminários
Viagens missionárias de curto prazo
AcampKAIRÓS
KAIRÓSEduca
#Graduação #Pós-Graduação
Aluguel para EVENTOS
Envios MISSIONÁRIOS
Campanhas
Projetos piloto sustentáveis
#Padaria #Horta #Avicultura

Áreas de atuação:
Plantação de igrejas
Evangelização e discipulado
Saúde
Esporte
Educação: Pedagogia e psicopedagogia.
Cuidado da criança vulnerável e órfãos
Cuidado de refugiados
Treinamento de liderança

---

www.missaokairos.org.br

missaokairosoficial
missaokairosoficial

(11) 97331-7778

Agência: 0837 Agência: 0738
Conta: 59650-7 Conta: 10174-0
Itaú

CNPJ: 59.570.143/0001-81

Estrada Engenheiro Marsilac, nº 7048
Emburá
CEP 04893-000 - São Paulo/SP

Única com enfoque missiológico.

Desenvolvida para **aprofundar** e **enfatizar** as bases bíblicas das missões e reforçar a importância da Bíblia como o livro da missão de Deus.

Texto Bíblico:
Almeida Revista e Atualizada

cod.: RA087BME

Bíblia Missionária de ESTUDO

Sociedade Bíblica do Brasil

Almeida Revista e Atualizada

Sociedade Bíblica do Brasil | Semeando a Palavra que Transforma Vidas.

sbb.brasil | sbb.brasil | sbb-brasil | 0800 727 8888 | sbb.org.br

DOS MESMOS AUTORES
Sherron Kay George e Timóteo Carriker

OS ATOS DOS APÓSTOLOS
Mergulho Missional

Acompanhe o mover do Espírito que começou em Jerusalém com 120 homens e mulheres no dia de Pentecostes, resultou no nascimento da igreja, conversões, vidas e estruturas transformadas. Inspiramo-nos com Pedro, Estêvão, o etíope, Cornélio, Maria, a mãe de João Marcos, Paulo, Barnabé, Silas, Lídia, Priscila e Áquila. Uma nova comunidade solidária, evangelística, ensinadora e profética, que expandiu-se por toda a Judeia e Samaria, entre os povos gentios e finalmente até a capital do Império, Roma. Entre na história!

14 x 21 cm - 264 páginas

AS CARTAS DE PAULO - VOL. 2
Efésios; Colossenses; Filipenses; Romanos; Tito; 1ª e 2ª Timóteo
Mergulho Missional

O primeiro volume traz leituras missionais das primeiras cartas de Paulo, as Cartas aos aos Gálatas, aos Tessalonicenses e aos Coríntios. Este segundo volume traz leituras missionais da carta mais densa de Paulo: a Carta aos Romanos, além das cartas que Paulo escreveu das diversas vezes que fora preso por sua fé, as Cartas aos Efésios, aos Colossenses, a Filemom, aos Filipenses e finalmente nas cartas de conselho pastoral para os jovens líderes, Tito e Timóteo.

14 x 21 cm

DOS MESMOS AUTORES
Sherron Kay George e Timóteo Carriker

OS EVANGELHOS SINÓTICOS
Marcos, Mateus e Lucas
Mergulho Missional

Chegou a hora de mergulhar nos Evangelhos para ver mais detalhes do nascimento, vida missional, ensinos, morte e ressurreição de Jesus. Marcos, Lucas e Mateus são chamados de Evangelhos Sinóticos porque têm óticas semelhantes e contextos paralelos. Vamos destrinchar cuidadosamente e refletir sobre as percepções que cada evangelista teve de nosso Senhor e Salvador Jesus Cristo com um espírito aberto para aprender.

14 x 21 cm - 252 páginas

E VEM AÍ...

O EVANGELHO E AS 3 CARTAS DE JOÃO
Mergulho Missional

João, "o discípulo que Jesus amava", nos brindou com um Evangelho diferente dos outros. Veremos também as três cartas de João, que suplementam seu Evangelho. O Evangelho de João é uma bela construção literária, uma obra-prima. Ele apresenta uma imagem diferente de Jesus comparado com os Evangelhos Sinóticos. Dá um tom mais interpretativo e "teológico" no seu relato acerca de Jesus.

Chegou a hora de mergulhar. É um novo olhar. Vamos começar nossa leitura missional da participação divino-humana na missão de vida, luz e amor em João à luz de uma interpretação missional da Bíblia toda.

14 x 21 cm

LEIA TAMBÉM

INTRODUÇÃO E SÍNTESE DO NOVO TESTAMENTO
Gerhard Hörster

Este livro apresenta o conteúdo dos livros do Novo Testamento, desenvolvendo esboços pelos quais o leitor da Bíblia pode aprender com mais eficiência a sequência de ideias dos textos. Ajuda o estudante da Bíblia a aprender os conteúdos de cada livro do Novo Testamento com base nos capítulos. Destaca também os versículos-chave que fazem parte do conhecimento bíblico básico e traz algumas afirmações-chave para cada escrito do Novo Testamento.

14 x 21 cm - 198 páginas

A CONSCIÊNCIA NA CULTURA E NA RELIGIÃO
Vergonha e culpa como fenômeno empírico do superego/eu ideal - MANUAL DE ELÊNCTICA
Klaus W. Müller

Elênctica é o estudo da consciência do homem em seu respectivo contexto cultural e religioso. Dr. Klaus W. Müller apresenta a grande variedade de formas pelas quais as pessoas taxam a desobediência a normas éticas de "pecado" e debate qual é o papel da cultura nesse processo. Ele analisa como o "peso na consciência" é interpretado a partir dos fenômenos de culpa, vergonha ou medo e como diferentes padrões de consciência levam à paz consigo mesmo e com seu ambiente social.

16,5 x 23 cm - 680 páginas

COMENTÁRIOS ESPERANÇA
NOVO TESTAMENTO

COMENTÁRIO ESPERANÇA
Novo Testamento

Evangelho de Mateus - Fritz Rienecker - 416 págs.
Evangelho de Marcos - Adolf Pohl - 472 págs.
Evangelho de Lucas - Fritz Rienecker - 480 págs.
Evangelho de João 1 - Werner de Boor - 264 págs.
Evangelho de João 2 - Werner de Boor - 216 págs.
Atos dos Apóstolos - Werner de Boor - 376 págs.
Carta aos Romanos - Adolf Pohl - 256 págs.
Carta aos Coríntios - Werner de Boor - 488 págs.
Carta aos Gálatas - Adolf Pohl - 216 págs.
Carta aos Efésios, Filipenses e Colossenses - Eberhard Hahn/Werner de Boor - 384 págs.
Carta aos Tessalonicenses, Timóteo, Tito e Filemon - Hans Bürki/Werner de Boor - 456 págs.
Carta aos Hebreus - Fritz Laubach - 234 págs.
Cartas de Tiago, Pedro, João e Judas - Fritz Grünzweig/Uwe Holmer/Werner de Boor - 480 págs.
Apocalipse de João 1 - Adolf Pohl - 206 págs.
Apocalipse de João 2 - Adolf Pohl - 300 págs.

COMENTÁRIOS ESPERANÇA
ANTIGO TESTAMENTO

COMENTÁRIO ESPERANÇA
Antigo Testamento

Gênesis 1 - Hansjörg Bräumer - 384 págs.
Gênesis 2 - Hansjörg Bräumer - 360 págs.
Êxodo - Hansjörg Bräumer - 520 págs.
Levítico - Gerhard Maier - 400 págs.
Salmos 1 - Dieter Schneider - 392 págs.
Salmos 2 - Dieter Schneider - 352 págs.
Isaías 1 - Dieter Schneider - 424 págs.
Isaías 2 - Dieter Schneider - 312 págs.

PRÓXIMO LANÇAMENTO
Números - Gerhard Maier

LEIA TAMBÉM

EXPLORER - VIDA
Viva a missão de Deus
María de Rodríguez (Org.)

Eu nunca pensei que fosse encontrar em um devocionário reflexões bíblicas que me levassem à prática e principalmente que ele me fornecesse desafios e informações importantes sobre o que devo orar diariamente, ao mesmo tempo que incendiasse mais e mais o meu coração pela obra missionária! Não tenho dúvidas de que o Explorer é uma ferramenta para edificação pessoal e que irá desafiar o seu leitor para uma vida prática e missionária. (Pr. Cleber Campos - Presidente Missão PróSERTÃO)

13 x 18 cm - 448 páginas

EXPLORER - SEM LIMITES
Mergulhe na Palavra, Transforme as Nações
María de Rodríguez (Org.)

Despertar missionário e evangelístico de adolescentes, jovens e adultos. Mais de 30 escritores brasileiros, latinos, norte-americanos e europeus percorrem toda a Bíblia com um olhar missionário, escrevendo 366 leituras curtas, dinâmicas e inspiradoras para seu momento devocional diário de leitura da Palavra e de oração. Contém informações atuais de 366 povos e etnias do mundo que ainda não têm a Bíblia em seu idioma, pelos quais temos que orar.

13 x 18 cm - 408 páginas

LEIA TAMBÉM

CRISTO, NOSSO RECONCILIADOR
Evangelho, Igreja, Mundo
Diversos autores

Muitas mudanças, a uma velocidade muito maior que em qualquer outro tempo, tem acontecido em nossa geração, com movimentos massivos de pessoas, uma crescente influência das principais religiões, o crescimento do novo ateísmo e a marcha do século biotecnológico.

Nestas páginas, você encontrará um realismo robusto, fundamentado na carta do apóstolo Paulo aos Efésios e na visão cristã de verdade.

14 x 21 cm - 230 páginas

O COMPROMISSO DA CIDADE DO CABO
Uma declaração de fé e um chamado a agir
Movimento Lausanne

O que fazem os evangélicos? Ou, uma pergunta mais incômoda, o que fazer com os evangélicos? Como ouvi-los e, melhor, reunir alguns milhares deles, de quase duzentos países, e conversar sobre o que creem e como atender ao chamado de Deus para a missão da igreja?

O Compromisso da Cidade do Cabo é uma resposta a essas perguntas. É o resultado do que aconteceu antes, durante e depois do Terceiro Congresso Lausanne sobre Evangelização Mundial, realizado na Cidade do Cabo, África do Sul, em novembro de 2010.

12,5 x 18 cm - 148 páginas

Sobre o livro:
Formato: 14 x 21 cm
Tipo e tamanho: Cambria 11/15
Papel: Capa - Cartão 250 g/m^2
Miolo - Alta Alvura LD 70 g/m^2